平易近人

习近平的语言力量

陈锡喜 / 主编

张　曦 / 主审

丁晓萍　汪雨申　黄庆桥 / 编著

上海交通大学出版社

SHANGHAI JIAO TONG UNIVERSITY PRESS

内容提要

习近平总书记系列重要讲话既深入浅出、通俗易懂，又铿锵有力、掷地有声。本书辑录了中共十八大以来习近平总书记系列重要讲话中富有特色的理念关键词，将其分为形象比喻、俗文俚语和诗文引用等四个篇章，对其进行语境、语源分析，并阐述其思想内涵、现实意义与社会反响，旨在从语言文化的角度为广大干部群众学习习近平总书记系列重要讲话精神提供一个读得进、记得住、用得上的读本。

图书在版编目 (CIP) 数据

平易近人：习近平的语言力量 / 陈锡喜主编 . ——
上海：上海交通大学出版社，2014（2021重印）
ISBN 978 - 7 - 313 - 12233 - 9

Ⅰ. ①平… Ⅱ. ①陈… Ⅲ. ①习近平—讲话—学习参
考资料 ②习近平—讲话—语言艺术—研究 Ⅳ. ①D2-0

中国版本图书馆 CIP 数据核字（2014）第 240800 号

平易近人——习近平的语言力量

主　　编：陈锡喜
出版发行：上海交通大学出版社　　　　地　　址：上海市番禺路951号
邮政编码：200030　　　　　　　　　　电　　话：021-64071208
出 版 人：谈　毅
印　　制：常熟市文化印刷有限公司　　经　　销：全国新华书店
开　　本：700mm×1000mm　1/16　　印　　张：18
字　　数：190千字
版　　次：2014年11月第1版　　　　　印　　次：2021年4月第33次印刷
书　　号：ISBN 978 - 7 - 313 - 12233 - 9/D
定　　价：48.00元

出版说明

语言这东西，有种神奇的力量。习近平总书记在他的系列重要讲话中，常用打比方、讲故事的方式阐述深刻的道理，用大白话、大实话等俗文俚语来释疑解惑，用中国优秀文化传统元素来提纲挈领、纵横捭阖。总之，习近平总书记的语言，平实中蕴含着大智慧，更有一种透彻、直指人心的力量。

比如"打'老虎'、拍'苍蝇'"、"把权力关进制度的笼子"，既形象又深刻，引来百姓一阵叫好。"打铁还需自身硬"、"有话要放到桌面上来讲"，简洁到位，生动有力！习近平总书记还经常引用一些古典名句来阐述他的治国理念，如"治大国如烹小鲜"、"尚贤者，政之本也"。他用"浩渺行无极，扬帆但信风"来描述亚太共同的发展未来，用"虚谈废务"来强调理论联系实际的工作作风……

上海交通大学出版社坚持社会效益优先，以出版体现国家意志、满足广大读者精神需求的优秀作品为天职。为了让更多的党员、在校大学生、社会公众通过学习习近平总书记系列重要讲话精神，领略中央治国理政的内涵和思想，读懂中国，我们决定编撰这本贴近群众、广大干部群众喜闻乐见的读本。

本书从习近平总书记系列重要讲话的语言风格入手，辑录了中共十八大以来至 2014 年 5 月，习近平总书记在各种场合发表的重要讲话中富有特色的引文引言，共 70 个词条，对其语源、语义、理论价值以及社会反响等，进行简明扼要的阐释，以期为广大干部群众学习习近平总书记系列重要讲话精神，提供一个新颖的、可读性强的、"接地气"的读本。

除了上述目的，我们还期许这本书，能够让大家意识到转变文风、"话风"的重要性和紧迫性。广大党员干部既要学习习近平总书记系列重要讲话中蕴含的精神，也要学习习近平总书记讲话的方式方法，少讲官话套话，多用老百姓能听得懂的语言。

本书包括"开篇"、"形象比喻篇"、"俗文俚语篇"、"诗文引用篇"四个部分。我们按照中共中央宣传部编写的《习近平总书记系列重要讲话读本》中十二大主题的顺序，对每篇里的词条进行排序；相同主题的词条，则再按讲话时间前后进行排序。

感谢本书作者陈锡喜、丁晓萍、汪雨申、黄庆桥等付出的艰辛劳动，数易其稿，殊为不易！本书得到了中共中央宣传部、教育部、国家新闻出版广电总局、上海市委宣传部、上海市新闻出版局等领导机关的大力支持，在此表示衷心的感谢。感谢冯刚、王然、徐艳国、朱健、季波、谈毅、刘华杰、赵正言等领导和专家对本书的精心指导。特别要感谢原浙江省委常委、省委秘书长，浙江大学原党委书记张曦对本书的审读和指导。

习近平总书记的系列重要讲话博大精深，但由于我们水平有限，时间又紧，很多本应该收录的内容没有在本书中得以体现，颇有遗珠之憾，愿广大读者包涵赐教。

2014 年 11 月

目　录

俗文俚语篇

诗文引用篇

开 篇

每个人都有理想和追求，都有自己的梦想。现在，大家都在讨论中国梦，我以为，实现中华民族伟大复兴，就是中华民族近代以来最伟大的梦想。这个梦想，凝聚了几代中国人的夙愿，体现了中华民族和中国人民的整体利益，是每一个中华儿女的共同期盼。

——2012 年 11 月 29 日，习近平在参观《复兴之路》展览时的讲话

中国梦

——民族复兴和人民幸福的共同期盼

2012 年下半年党的十八大闭幕不久，"中国梦"这一词汇就逐渐成为网络上使用的高频词之一。这源于担任中共中央总书记不久的习近平在参观《复兴之路》展览时的一个用语。"中国梦"一经提出，无论是在学术殿堂，还是在茶肆坊间；无论是在国内社会，还是在国际舞台，都成为人们议论的热点话题。对此，大家既有共鸣，又有高度期待。

梦，是人在睡眠时产生想象的影像、声音、思考，或者其他一些感觉，它是一种生理现象，但是也包含心理因素，因而能对艺术灵感产生一定的激发作用。正因为如此，人们把"梦"同"想"联系在一起说"梦想"时，就超越了做梦的生理现象，而成为人们对未来理想的憧憬，或者对所要达到目标的设定。

有诗人用拟人笔法表达了梦想的力量："小草的梦想是绿遍田野山川，流水的梦想是征服沙漠戈壁，鸟儿的梦想是飞越险山恶水，大地的梦想是养育千万生灵……"人生不能没有梦想，没有了梦想，人生就没有了奋斗的目标，也就没有了方向。一个国家、一个民族同样如此。习近平提出的"中国梦"，是实现中华民族伟大复兴的形象表达，其中包含着"两个一百年"的奋斗目标，那就是到 2021 年中国共产党成立100周年时全面建成小康社会，到2049年新中国成立100周年时建成富强、民主、文明、和谐的社会主义现代化强国。

实现中华民族伟大复兴的中国梦，不是习近平提出"中国梦"之后才有的，而是近代以来中华民族的夙愿，承载着全体中华儿女的共同向往。中华民族曾经创造过灿烂的文明，并且对世界文明的发展产生过重大影响。中国曾经是世界上经济最发达的国家之一，据某西方学者估算，康乾盛世时，中国的经济总量占到当时世界的三分之一。然而，1840年鸦片战争以后，中华民族遭遇了百年外族入侵屈辱和内部战争动乱，中国人民蒙受了极大的灾难和痛苦，真正是苦难深重、命运多舛。由此，民族复兴成为近代中国人民不断为之奋斗的目标，无数仁人志士奔走呼号，试图挽大厦于将倾：梁启超提出了"少年中国"，孙中山喊出了"振兴中华"，李大钊呼吁为"中华民族更生再造"而奋斗。中国人民从不屈服，不断奋起抗争，在中国共产党的领导下，经过新民主主义革命的道路，终于掌握了自己的命运，开始了建设新中国的伟大进程。改革开放以来，我们不断艰辛探索，找到了实现中华民族伟大复兴的正确道路，光明前景逐渐展现。

中国梦既然是民族复兴之梦，自然既有"强国"，也有"富民"。习近平说："实现中华民族伟大复兴的中国梦，就是要实现国家富强、民族振兴、人民幸福。"中国梦是国家富强梦、民族振兴梦，但归根到底是人民幸福梦。因为国家和民族不是抽象的概念，它是由人民组成的，国家富强和民族振兴，必须依靠人民来实现，而国家富强和民族振兴的目的，也是不断为人民造福。如此，中国梦就会成为 13 亿中国人民的共同梦想，中国人民就会发自内心地共同去实现中国梦。当习近平主席对奥巴马总统说"中国梦与包括美国梦在内的世界各国人民的美好梦想相通"时，其中就包含了国家梦和人民梦相统一的理念。

有人说，美国梦强调的是个人梦，而中国梦强调的是国家梦，因而两者是不"相通"的。其实，这既误解了中国梦，也误解了美国梦。马丁·路德·金是如此谈论他的"美国梦"的："我梦想有一天，在佐治亚州的红色山冈上，昔日奴隶的儿子能够同昔日奴隶主的儿子同席而坐，亲如手足……我梦想有一天，我的四个儿女将生活在一个不是以皮肤的颜色，而是以品格的优劣作为评判标准的国家里……如果美国要成为伟大的国家，这一点必须实现。"这里表达的即是社会整体的梦。

当然，由于中美各自的文化传统有别，近现代的历史任务不同，以及意识形态和发展道路选择的差异，美国梦更凸显个人奋斗的价值，而中国梦则把国家富强和民族振兴放在优先位置。但是，在发展社会主义市场经济和民主政治的背景下，我们既要有"大河有水小河满"的认识，也要有追求国家富强和民族振兴的情怀。当习近平刚提出"中国梦"时，人们把它翻译成"China Dream"；但是，现在人们把它改译成"Chinese Dream"，说明我们开始突出中国梦是"中国人"的梦，甚至注意到每一个具体的"个人梦"的价值。正如习近平所强调的："中国梦是民族的梦，也是每个中国人的梦。"

中共十八大闭幕时，习近平代表党对人民作出了庄严承诺："人民对美好生活的向往，就是我们的奋斗目标。"十八大报告也提出，坚持和发展中国特色社会主义第一个"基本要求"，就是"坚持人民主体地位"。

当下，绝大多数中国人对提升GDP的密切关注，已让位于对更好的教育、更稳定的工作、更满意的收入、更可靠的社会保障、更舒适的居住条件、更多样的文化产品、更优美环境的关注，对更充分的知情权、表达权、参与权、监督权的要求和对下一代能成长得更好、工作得更好、生活得更好的期盼。每个中国人对于这些诉求的追求，恰恰可以成为实现中国国家梦和民族梦的动力源泉。国家如果能鼓励每个中国人在不触犯法律和不突破社会价值观底线的前提下，为自己的职业理想和生活理想而奋斗，并且为此创造权利公平、机会公平、规则公平的竞争环境，从而让每个人都享有人生出彩的机会，享有梦想成真的机会，这样，一切劳动、知识、技术、管理、资本的活力将竞相迸发，一切创造社会财富的源泉将充分涌流，国家富强和民族振兴的梦将得以实现。

中国梦里，既有"大家"，也有"小家"。对于每个中国人来说，"得其大者可以兼其小"，我们只有把个人的人生理想融入国家富强和民族振兴的事业中，才能最终成就一番事业。

实现中华民族的复兴，是我们"魂牵梦萦"和"梦寐以求"的事。但说到"梦"，中国传统俗话中一些贬义词语，仍然值得我们警惕，如"南柯一梦"、"黄粱美梦"、"痴人说梦"、"白日做梦"等。要消除这些消极含义，需要我们每个中国人的实干。我们既不能"浮生若梦"、"醉生梦死"，也不能与国家梦和民族梦"同床异梦"；

既不能在追梦过程中"梦笔生花"，也不能像"庄周梦蝶"，完全把自己混同于"蝴蝶"，而不知道自己作为主体的责任。

今天，我们比历史上任何时期都更接近中华民族伟大复兴的目标。改革开放以来，中国发生了翻天覆地的变化，年人均 GDP 由改革开放前不到 200 美元，跃升到 2013 年的近 7 000 美元，已成为世界第二大经济体。人民当家作主的内涵与形式不断丰富，教科文卫事业显著进步，社会总体保持和谐稳定，党的执政能力不断提高。这一切，都为中国梦的提出和实现，奠定了坚实基础。

但是，中国仍然是世界上最大的发展中国家，创造 13 亿人的幸福美好生活绝非易事。中国在发展道路上仍然面临不少困难和挑战，实现中华民族伟大复兴的中国梦，还需要每个中国人付出长期艰苦的努力。

实现中国梦，必须走中国道路，走中国特色社会主义道路。这条道路来之不易，是在改革开放 30 多年的伟大实践中走出来的，是在中华人民共和国成立 60 多年的持续探索中走出来的，是在对近代以来 170 多年发展历程的深刻总结中走出来的，是在对中华民族 5 000 年悠久文明的传承中走出来的。这条道路，是历史的选择。

哲学上讲"元命题"，即最本源、最根本的问题。每个时代都有自己的"元命题"。道路的探索，就是对时代"元命题"的回答。1840 年，西方列强的坚船利炮打开了我们的国门，"摆脱屈辱与苦难"成为那个时代的"元命题"。因此，洋务运动师夷之长以自强，戊戌维新变法图强，辛亥革命创立民国，五四运动倡导科学民主。你方唱罢我登场，探索救国救民道路的志士仁人换了一批又一批，却都没能带领中华民族走出深重的灾难。唯有中国共产党，带领中国人民前仆后继，浴血奋战，建政创制，实现了民族独立和人民解放，成功回答了这一时代命题。新中国成立后，对社会主义建设的探索成为时代的"元命题"。毛泽东在《论十大关系》、《关于正确处理人民内部矛盾的问题》中提出"以苏为鉴"，根据中国情况走自己的路，走出了中国式的工业化道路，开始了对这一问题的解答。但是由于"左"的错误思想的干扰，如"大跃进"、"文化大革命"，路线的偏差使得理论与实践背离，社会主义建设的探索遇到重大挫折。中共十一届三中全会破除"两个凡是"的思想禁锢，拨乱反正，确立了以经济建设为中心的正确路线。"什么是社会主义？怎样建设社会主义？"成为改革开放时代的"元命题"。邓小平"南方谈话"时说：计划多一点还是市场多一点，不是社会主义和资本主义的本质区别……从此，中国社会主义现代化建设的列车进入了高速时代，改革开放进入新的历史阶段。历史选择了这条道路，历史也必将证明，这条道路是一条符合中国国情、富民强国的正确道路。

实现中国梦，必须弘扬中国精神，这就是以爱国主义为核心的民族精神和以改革创新为核心的时代精神。爱国主义是中华民族伟大复兴的奋斗旗帜，是中华儿女相亲共睦的精神纽带，是共建美好幸福家园的精神力量。改革创新体现了突破陈规、大胆探索的思想观念，不甘落后、奋勇争先的使命感，坚韧不拔、自强不息的精神状态。中国精神是凝心聚力的兴国之魂、强国之魂，是振奋起全民族的"精气神"。

实现中国梦，必须凝聚中国力量，即中国各族人民大团结的力量。中国梦体现了中国人民的整体利益，是全体中华儿女的共同期盼。历史和现实都告诉我们，每个人的前途、命运都是与国家和民族的前途、命运紧密相连的。涓流汇海，聚沙成塔，空谈误国，实干兴邦，13亿人的智慧和努力，将汇集成不可战胜的磅礴力量。

实现中国梦，必须坚持和平发展。中华民族的复兴之梦，是一洗170多年前的耻辱，重新屹立于世界民族之林的梦，它不同于100多年前列强崛起的霸权之梦。正如习近平在访问法国时所说："拿破仑说过，中国是一头沉睡的狮子，当这头睡狮醒来时，世界都会为之发抖。中国这头狮子已经醒了，但这是一只和平的、可亲的、文明的狮子。"中国梦是和平、发展、合作、共赢的梦，我们不仅致力于中国自身发展，也强调对世界的责任和贡献；不仅造福中国人民，而且造福世界人民。中国发展壮大带给世界的是更多机遇，而不是威胁。中国梦的实现，最终将极大地促进世界和平、稳定与发展，同时也为世界上其他发展中国家的现代化道路，提供更多的参考和借鉴。

形象比喻篇

我们要坚持改革开放正确方向，敢于啃硬骨头，敢于涉险滩，既勇于冲破思想观念的障碍，又勇于突破利益固化的藩篱。

——2012 年 12 月 7 日至 11 日，习近平在广东考察工作时的讲话

敢啃硬骨头，敢于涉险滩

——改革要勇于冲破观念障碍和利益藩篱

"硬骨头"是现代汉语中经常用到的词汇，比喻艰巨的任务。毛泽东曾在《论持久战》中说："进攻某一运动中之敌，打早了，暴露了自己，给了敌人以预防条件；打迟了，敌已集中驻止，变为啃硬骨头。""险滩"原意指江河中水浅礁石多、水流湍急、行船危险的地方，现比喻前进中的困难和危险因素。

习近平在中共十八大后第一次到地方调研，视察了改革开放中得风气之先的广东，他用人们熟知的"硬骨头"和"险滩"打比方，旨在说明，在中华民族伟大复兴的历史进程中，尤其是当前和今后一个时期内，中国特色社会主义建设事业将不可避免地遇到很多新的挑战，特别是深化改革将面临新的困难和风险。

改革开放之初，改革的障碍主要是观念上的，有些人总是拿斯大林模式作为社会主义的标准，把联产承包责任制、经济特区、商品经济等，都当作资本主义。但是这些举措不仅能刺激经济很快增长，而且能让各个阶层都受益。因此，在打破"姓社姓资"的思想束缚后，改革就不可阻挡了。

改革开放 30 多年来，中国取得了举世瞩目的成就。因为我们不仅确定了正确的发展方向，而且制订了可行的路线图，那就是先易后难，走"渐进式"的、"摸着石头过河"的改革道路，在继承中发展。而不是像前苏联和有些东欧国家那样，经济改革搞所谓"休克疗法"。这样，我国在进行改革的同时，既保持了社会必要的稳定，又有力地促进了经济繁荣和社会进步。但是，随着改革的深化，不可避免地遇到了瓶颈，"容易的、皆大欢喜的改革已经完成了，好吃的肉都吃掉了，剩下的都是难啃的硬骨头"。浅滩中可以摸到的石头，也都被摸得差不多了，剩下来的，都是长期积累下来的深层次矛盾，也就是改革已进入深水区或险滩。并且，我们的发展步伐越是快，取得的成就越是大，人民群众的期待就越多，要求也越高。所有这些，都在考验我们进一步深化改革的勇气和智慧。因此，形势的紧迫性，要求我们"敢于啃硬骨头，敢于涉险滩"，回应时代的召唤和人民的呼声。

改革是一场深刻的革命，它不仅有思想观念的碰撞，更涉及人们之间利益关系的调整，因此需要勇气和决心。30多年来，在改革中形成的利益关系，出现了固化现象。特别是有些利用市场经济还不完善、法制还不健全的漏洞而获得既得利益的群体，不希望调整利益关系，这就成了改革的现实障碍。今天，在新的历史起点上，我们必须再次扬帆起航，直面艰难困苦，敢于迎难而上，冲破一个个利益固化的藩篱和险滩，让改革与发展成果更多、更公平地惠及全体人民，让公平、正义的光辉普照神州大地。

当前，局部的某个方面的改革、暂时的权宜之计的改革和随机的零敲碎打的改革，已经不能适应当今形势的需要和人民的期待，我们面临着许多前人未曾面对的问题，想绕也绕不过去，想躲也躲不开，全面深化改革势在必行。党的十八届三中全会已经吹响了全面深化改革的"集结号"，现在的关键在落实。"众人拾柴火焰高"，全面深化改革不仅需要党中央坚定的决心和信心，同时也需要动员全社会的力量，尤其需要发挥基层群众的首创精神。改革开放的历史经验表明，革命性的、行之有效的改革举措，往往发端于基层、来源于群众。

"硬骨头"不好啃，"险滩"也不容易涉。在面对困难、风险和挑战的时候，我们不仅要"敢于"面对，而且要"善于"解决；不仅需要勇气，还需要智慧。具体而言，就是我们的全面深化改革之路："步子要稳，就是方向一定要准；行驶一定要稳，尤其是不能犯颠覆性错误。"

中国改革开放的成功实践证明，由浅入深、先易后难、持续不断的渐进式改革是符合中国国情的正确的发展之路。东欧剧变的历史教训表明，极端的"休克疗法"式的所谓改革，对中国的发展是极不合适的。对于中国这样一个大国来讲，在啃"硬骨头"、"涉险滩"的前进道路上，我们必须坚持典型引路，发挥基层首创，由点及面，既不走封闭僵化的老路，也不走改旗易帜的邪路。

对改革进程中已经出现和可能出现的问题，困难要一个一个克服，问题要一个一个解决，既敢于出招又善于应招，做到"蹄疾而步稳"。

——2014 年 1 月 22 日，习近平在中央全面深化改革领导小组第一次会议上的讲话

蹄疾而步稳

——全面深化改革的辩证思维

"蹄疾而步稳"原指马跑得又快又平稳，在现代汉语里，常比喻事业发展的速度快并且很稳健。邓小平领导中国改革开放之所以取得举世瞩目的伟大成就，重要原因之一，是他坚持了"胆子要大、步子要稳"的思路。习近平提出全面深化改革要做到"蹄疾而步稳"，意在强调全面深化改革既要有紧迫感，敢于碰硬，向纵深推进；又要一步一个脚印，保持改革政策的稳定性和持续性，防止出现改革失控的局面。

中共十八届三中全会为全面深化改革勾勒出了路线图和时间表，即要到 2021 年中国共产党成立 100 周年时全面建成小康社会，2049 年新中国成立 100 周年时建成富强、民主、文明、和谐的社会主义现代化强国。这就要求我们在思想认识和实际行动上，奋蹄向前，加快改革步伐。从国际环境来看，我国既面临千载难逢的发展机遇，也面临世界经济发展乏力等外部环境的巨大压力，以及与发达国家和周边一些国家之间逐渐凸显的结构性矛盾，加快改革步伐是世界形势发展的紧迫要求。从国内形势来看，改革已经进入深水区和攻坚期，现在所要面对的都是难啃的"硬骨头"，加上改革发展中积累起来的新问题、新矛盾，改革已经到了非奋蹄向前而不能成功的时候了，正所谓"明知山有虎，偏向虎山行"。即使是到了 2021 年，我们初步实现全面建成小康社会的奋斗目标，仍然不能停歇，还得奋蹄向前奔跑。

开弓没有回头箭，改革之蹄必须疾。但凡改革都会触碰一部分人或部门的实际利益，因而常常会遇到阻力，如果改革因既得利益者的阻碍而放慢，甚至是犹豫不决，那么改革就有可能半途而废、前功尽弃。比如当前正在进行的行政体制改革，中央提出目标和要求之初，很多权力部门是不愿意放权的，但中央抓住"简政放权"这一政府的"自我革命"重大改革举措不放，不断加快推进，在 2013 年改革行政审批制度的基础上，2014 年再提出取消和下放行政审批事项 200 多个。行政体制改革奋力向前，人民群众拍手称赞。

改革不是"大跃进"，必须稳扎稳打，一步一个脚印。历史上，我们曾有过因"大跃进"而导致国民经济濒临崩溃的惨痛教训，以史为鉴，类似的错误我们一定不能再犯。当前，全面深化改革是走上坡路，是"涉险滩"，是闯难关，不能急躁，不能冒进，不能"大跃进"。必须做到"困难要一个一个克服，问题要一个一个解决"，步步为营，积小胜利为大胜利，不能妄想一口吃成个胖子，尤其是当万马奔腾朝一个方向时，步调更需稳健。

全面深化改革需要"步稳"，还因为我国正处于特殊的发展阶段。以往经验表明，人均 GDP 处于 3 000～10 000 美元阶段，是发展遭遇"陷阱"的时期，是社会矛盾突出、爬坡过坎的敏感期。一旦对社会问题和矛盾处理不当，就会发生一步走错满盘皆输、功亏一篑的严重后果。当前，我国正处于这样一个发展阶段，各种社会问题和矛盾大量涌现，社会结构深层调整，利益诉求日益多样，这就要求我们在改革的道路上，既要"疾"字当头，又要"稳"字压阵，在高速奔跑中学会换气，保持经济社会又好又快发展。

"蹄疾"让人激动，步伐更当稳健。"蹄疾"而"步不稳"就会人仰马翻，"步稳"而"蹄不疾"则会丧失机遇或半途而废。"蹄疾而步稳"是符合唯物辩证法的全面深化改革的正确方法和节拍。

要加强对权力运行的制约和监督，把权力关进制度的笼子里，形成不敢腐的惩戒机制、不能腐的防范机制、不易腐的保障机制。

——2013 年 1 月 22 日，习近平在十八届中央纪委二次全会上的讲话

把权力关进制度的笼子

——健全权力制约与监督体系

笼子，本为生活物品，是存放物品、圈养动物的器具，现代汉语中常比喻对某一对象的束缚、约束、限制等。比如"囚笼"，就意指监牢。习近平把制度比喻成"笼子"，意在强调制度之"笼"对权力，尤其是对一切滥用权力行为的约束与监督。

古往今来，人们对"权力"的认识已很深刻。比如英国近代思想家阿克顿就曾说过："权力导致腐败，绝对的权力导致绝对的腐败。"法国社会学家孟德斯鸠也说过："一切不受约束的权力必然腐败。"

历史上，中国是一个"官本位"和"人治"色彩浓厚的国家，中国人喜欢讲情面、拉关系，更多的人喜欢按潜规则办事，权大于法、认官不认法的思想根深蒂固。尽管中国改革开放已30年有余，但上述传统思想及其影响，却很难在短时间内消除殆尽。正因为如此，加上权力约束与监督方面的体制还不完善，使得在现实生活中，权力滥用的现象还依然存在，而法治的权威性受到伤害，腐败现象也由此生发。一些地方和领域的不正之风和腐败问题屡禁屡发，腐败分子"前赴后继"，就是直接佐证。

面对权力滥用而导致的腐败现象，加强制度之"笼"的建设，就显得尤为重要和迫切。邓小平曾一针见血地说过："制度好可以使坏人无法任意横行，制度不好可以使好人无法充分做好事，甚至会走向反面。"正因为如此，改革开放以来，中国共产党一直致力于探索加强制度建设和教育防范工作，努力使权力受到监督和制约，使党员干部不犯或少犯错误。尽管如此，制度建设仍然存在不少盲点，还需要在实践中加速推进"把权力关进制度的笼子"的进程。

邓小平的话还表明，要想使制度真正发挥"笼子"的作用，就必须使"制度好"，也就是要科学制定制度，注重制度的必要性、针对性和可行性。制定制度要抓住关键问题、关键点和关键环节。就当前而言，制度建设"关键是要健全权力运行制约和监督体系"，建立起让全体党员干部"不敢腐的惩戒机制、不能腐的防范机制、不易腐的保障机制"。

健全权力运行监督体系，要从中国实际出发。我们不能照搬西方的立法、行政与司法的"三权分立"的模式，而是要使决策权、执行权和监督权既相互协调，又相互制衡，也就是用权力来制约权力。其中最根本的，一是要坚持党的领导，二是要维护宪法的权威，三是要真正体现人民群众当家做主，让老百姓对国家事务有知情权、表达权、参与权和监督权。

仅仅有好的制度还不够，还必须有好的执行。现实中，很多时候不是我们没有好的制度，而是我们没有很好地去执行制度，置制度于不顾。因此，加强制度建设，不仅需要在"制定"上下功夫，更需要在"执行"上下功夫，双管齐下，对症下药。

执行好制度，离不开全社会法治意识、规则意识的提升。只有全社会的法治意识、规则意识提高了，执行制度才会更顺畅，效果才会更好。在这方面，党员干部和政府部门要起带头示范作用，带头遵守法律法规和规章制度，不断健全有利于制度执行的体制机制，不断排除权力对制度的干扰。

　　"把权力关进制度的笼子"是标本兼治、惩防并举的反腐倡廉良方，也是一场攻坚战、持久战，我们要有足够的思想准备。为此，全党必须保持警醒，以"踏石留印、抓铁有痕"的劲头抓下去，让人民群众看到实效。

我们决不可抛弃中华民族的优秀文化传统，恰恰相反，我们要很好传承和弘扬，因为这是我们民族的"根"和"魂"，丢了这个"根"和"魂"，就没有根基了。

——2012 年 12 月 7 日至 11 日，习近平在广东考察工作时的讲话

中华民族的"根"和"魂"

——传承和弘扬中华民族优秀文化传统

在现代汉语里,"根"与"魂"是经常用到的两个词,前者比喻事物的本源,后者比喻小到个人、大到国家或民族的精神。习近平借用"根"与"魂",旨在强调传承和弘扬中华民族优秀文化传统对于国家发展和民族振兴的极端重要性。

中华民族在五千多年的文明发展进程中,创造了博大精深的文化。它积淀了中华民族最深沉的精神追求,包含着中华民族最根本的精神基因,代表着中华民族最独特的精神标志,是中华民族生生不息、发展壮大的丰厚滋养。中华文化虽历经朝代更迭、外族入侵而绵延数千年不绝,成为世界文明史上唯一没有中断的文化,已经融入中华民族的血脉。例如,在家庭美德方面,强调百善孝为先,家和万事兴;在社会方面,强调诚实守信,与人为善;在国家方面,强调民族大义,天下为公;在自然方面,强调敬畏自然,天人合一;在个人品格方面,强调君子人格,仁者爱人。它不仅哺育了世代中华儿女,而且深深地影响了整个东亚地区,甚至全世界。

中华民族的优秀文化传统不仅是我们的"根"与"魂",同时也是世界文明发展不可或缺的力量之源。我们应该传承和弘扬中华优秀传统文化，要有这样的自信。当然，中华民族的文化传统也面临着发展困境。近代以降，伴随着西方列强入侵，中华文化的优越感不断被击碎，有识之士开始看到我们的不足，由此"师夷"之风渐开，直到西学蔚然成风。在这一过程中，一些人开始怀疑自己的文化，甚至一度出现了用西学取代国学的思潮。新中国成立后，中国人找到了民族的自信心，懂得了传统文化的珍贵，但"文化大革命"中的"破四旧"（破除旧思想、旧文化、旧风俗、旧习惯）再次让中华文化黯然神伤。及至改革开放，虽然拨乱反正让中华文化转危为安，但面对西方文化思潮和产品的大量涌入，有些人再次陷入迷失的危险境地，盲目追捧西方文化的现象比比皆是。直至今日，仍有人"言必称希腊"，唯西学马首是瞻。

文化不自信、文化不自强、文化不自立是非常危险的，这不仅会给我们每个人带来精神上的困惑和迷茫，还会威胁国家的安全。当代世界，"文化软实力"、"文化巧实力"已成为国家力量的重要组成部分，在一个国家的对外关系上发挥着越来越重要的作用。当前，国际竞争不仅表现在经济上、军事上，更表现在文化上。当代世界，国际文化竞争激烈，以美国为代表的西方国家正以各种形式对我国进行文化渗透和扩张。如果我们不能很好地传承和弘扬中华民族的优秀文化传统，就难以实现在文化上的自强，中华民族的伟大复兴就会失去"根"与"魂"。因此，传承与弘扬中华民族优秀文化传统已成为时代发展和民族复兴的迫切要求。

传承和弘扬中华文化传统是一项系统工程，需要包括海外华人在内的全体中华儿女的共同努力。我们需要做到文化自信，没有自信就没有传承的意识，没有自信就没有弘扬的动力。我们只有在民族文化上做到足够的自信，才能在思想和行动上做到自觉，传承与弘扬民族优秀文化传统才会落到实处。

传承和弘扬中华文化传统还需要文化自省。中华传统文化不是完美无缺的，需要与时俱进，需要批判地继承，需要以更加开阔的胸怀吸收外来文化的优秀元素，做到自信而不自负，谦虚而不自卑。中华民族创造了源远流长的中华文化，在中国特色社会主义道路上，在文化的交流、交融乃至交锋中，也一定能创造出中华文化新的辉煌。

坚定理想信念，切实解决好世界观、人生观、价值观这个"总开关"问题。"总开关"问题没有解决好，这样那样的出轨越界、跑冒滴漏就在所难免。

——2013 年 9 月 23 日至 25 日，习近平全程参加并指导河北省委常委班子专题民主生活会时的讲话

拧紧"总开关"

——理想信念的核心问题

总开关本是一个科技词汇，指控制全部电源装置或管道的开关，总开关通畅，则整个运行系统正常；反之，总开关有问题，整个运行系统就会受到影响。在现代汉语里，"总开关"常比喻处于统领地位的意识形态。

习近平曾在多个场合结合思想政治建设、作风建设、反腐败工作等讲到"总开关"问题，目的在于告诫全党树立正确的世界观、人生观、价值观的极端重要性。只有党员干部，尤其是领导干部的世界观、人生观、价值观端正了，思想、作风、行为才会端正；反之，党员干部的世界观、人生观、价值观歪了，思想、作风、行为就会跑偏，就会对党和国家造成巨大危害。

为什么说世界观、人生观、价值观是"总开关"呢？世界观是人们对世界的根本看法和观点，人生观和价值观是世界观的基本体现，有什么样的世界观，就有什么样的人生观和价值观。中国共产党以马克思主义唯物史观作为自己的世界观，强调社会存在决定社会意识，人民群众是历史的创造者，这决定了立党为公、执政为民，全心全意为人民服务，吃苦在前、享乐在后，自力更生、艰苦奋斗等理想信念和精神气质是中国共产党人最基本的人生观和价值观。总的来说，世界观、人生观和价值观是一个整体、一个系统，是控制人们认识和实践的"总开关"。

正是树立并坚定了"总开关"的基本信念，一代又一代共产党人才能不畏艰险、前仆后继，无论是革命时期还是建设时期，都能带领人民共同努力，也才有今日中国之发展进步。可以说，正确的理想信念是当代中国发展进步的精神之源、活力之源、动力之源。

当前，党员干部在"总开关"问题上主流是好的，但也要看到，一部分党员干部在"总开关"上基础不牢、把握不稳、要求不高、践行不力。尤其是在党长期执政的和平环境下，在社会思潮日趋多元的环境下，在改革开放深入推进的时代背景下，一些领导干部"不问苍生（人民群众）问鬼神"，精神空虚，热衷于算命看相、求神拜佛，迷信"气功大师"；有的认为共产主义是虚无缥缈的幻想，信念动摇，把配偶子女移民到国外，钱存在国外，给自己"留后路"，随时准备"跳船"；有的心为物役，信奉金钱至上、名利至上、享乐至上，心里没有任何敬畏，行为没有任何底线，等等，问题根源都出在"总开关"上。

"总开关"出问题，必然导致现实中"这样那样的出轨越界、跑冒滴漏就在所难免"：在公私面前私字当头，在利益与奉献面前利益优先，在享乐与吃苦之间享乐在前。情节轻的损公肥私，情节重的徇私枉法、祸国殃民。比如，从媒体曝光出来的中央和各地查处的腐败分子丑恶行径来看，他们之所以一步步滑向深渊，关键就在于他们没有好好把握"总开关"，以致信仰迷失，在现实中脱离人民群众，置党纪国法于不顾，铤而走险，最终为党和人民所唾弃。

要切实解决好"总开关"问题，首先，需要解决理想信念问题。"老祖宗"不能丢，党员干部要加强学习，切实提高自己的马克思主义理论素养，深刻领悟党的性质、宗旨和执政理念，提高自己的党性修养和宗旨意识，在根本上打牢"总开关"之基。其次，要常怀敬畏之心，古人云"吾日三省吾身"，不断检视自己的思想和行为，知错就改，防微杜渐，将"总开关"不断加固、加厚、加牢。再次，要加大对不正之风和腐败现象的惩处力度，维护党纪国法的权威性，为党员干部把牢"总开关"保驾护航。最后，党员干部要身体力行，深入群众，在为人民服务的实践中，不断拧紧世界观、人生观和价值观这一"总开关"。

要利用各种时机和场合，形成有利于培育和弘扬社会主义核心价值观的生活情景和社会氛围，使核心价值观的影响像空气一样无所不在、无时不有。

——2014年2月24日，习近平在十八届中央政治局第十三次集体学习时的讲话

核心价值观像空气一样无处不在

——形成培育、弘扬核心价值观的氛围

空气，是我们每个人再熟悉不过的了，没有空气，我们便无法生存。习近平借用"空气"打比方，意在说明要让社会主义核心价值观的影响无处不在、无时不有，让社会主义核心价值观自然地融入我们的日常生活，融进我们的内心深处。

社会主义核心价值观可用 24 个字高度概括：富强、民主、文明、和谐，自由、平等、公正、法治，爱国、敬业、诚信、友善。它体现在三个层面上：富强、民主、文明、和谐，指的是国家层面的价值目标；自由、平等、公正、法治，指的是社会层面的价值取向；爱国、敬业、诚信、友善，指的是公民个人层面的价值准则。它既反映了社会主义的理想信念，又继承了中国优秀文化传统的精髓，还具有鲜明的时代特色，是反映全体中国人共同心愿的最大公约数。

一个社会的发展进步和文明程度，不仅表现在经济发展水平和物质生活的富裕上，更表现在整个社会的思想文化水平和民众的道德觉悟上。具体到我们国家而言，我们所要建设的中国特色社会主义，以经济建设、政治建设、文化建设、社会建设、生态文明建设

"五位一体"的总布局为目标，社会主义核心价值观则是这一进程中的"魂"，离开了这个"魂"，社会主义建设就会跑偏。

当前，伴随着社会转型的深入推进，社会利益关系日益复杂，人们的思想观念日益变化。在这种背景下，社会上屡屡出现让人痛心的事件。有的人为了赚钱，不惜向食品里掺假，甚至放毒；有人摔倒了，却没有人敢去扶一把；人们的相互问候少了，相互提防却多了。一桩桩悖离社会公德的事件，屡屡冲击着我们的道德底线。面对道德失范和道德滑坡的乱象，我们开始追问，这到底是怎么了？我们发现，尽管理由有千万条，但最根本的一条，还是价值观上出了问题。因此，我们必须在价值观上为自己充电、补课，用习近平的话说，就是要解决好世界观、人生观、价值观这个"总开关"问题。社会主义核心价值观就是这个"总开关"问题的指导思想。

社会主义核心价值观既是思想理论体系，又是实实在在的行动准则，既需要我们去感知培育，也需要我们去领悟践行。要想使社会主义核心价值观的影响，像空气一样无处不在、无时不有，并不是一件容易的事，需要全社会的共同努力。不过，有两点却是最重要的：一是为官者的行为示范，二是对普通民众润物细无声式的教育。

俗话说，上行而下效。在践行社会主义核心价值观这个问题上，领导干部喊破嗓子，不如放下身子，自己带头，克己奉公，勤政为民，踏实干事，务实为官，以政风促民风。官风、政风清明之时，即是社风、民风温暖之日。

传播社会主义核心价值观，还需要润物细无声，还需要从群众身边的感动做起，注意把我们提倡的与人们日常生活紧密联系起来，在落细、落小、落实上下功夫。多挖掘基层和老百姓中间的凡人善举，他们的感人故事是最有说服力的。只要社会主义核心价值观能够扎根基层，扎根群众，其影响就一定能够像空气一样无所不在、无时不有。

中国人的饭碗任何时候都要牢牢端在自己手上。我们的饭碗应该主要装中国粮。

——2013 年 12 月 23 日至 24 日，习近平在中央农村工作会议上的讲话

中国人的饭碗要端在自己手里

——保障粮食安全和社会稳定

饭碗，我们每天都离不开它——因为我们每天都要吃饭。习近平借用"饭碗"这一最普通的词语，旨在说明，在中国这样一个发展中的大国，保证粮食安全是极其重要的，尽管我们已连续多年取得粮食生产大丰收，但越是在这样的形势下，越不能麻痹大意。

俗话说，"手中有粮，心中不慌"；"农业丰，天下兴"。中国有13亿多人口，吃饭是头等大事。如果中国在粮食安全上没有保障，社会稳定和国家发展就无从谈起。可以说，粮食安全是中国稳定与发展的"压舱石"。

尽管中国粮食生产近年来持续增产，但在粮食安全问题上却不能麻痹松懈，沾沾自喜，不能好了伤疤忘了疼。要知道，粮食安全问题是"红线"，触碰"红线"的后果是灾难性的。20世纪60年代初曾经发生的"饥荒岁月"并不遥远，告别粮票的日子也不过20多年，许多人有着刻骨铭心的记忆，我们必须始终引以为戒。正因为如此，改革开放以来，党中央一直高度重视"三农"工作和粮食生产工作，确保国家的粮食安全。

有一种言论认为，粮食问题是一个经济问题，在经济全球化的今天，如果粮食有缺口，可以在国际市场上通过贸易解决。这种观点是非常危险的。纵观世界各国，但凡社会稳定的国家，无不粮食基本自足；与此相反，凡是不能解决本国人民吃饭问题的国家，国内必定动荡不安，对外必受人牵制。在市场经济条件下，我们可以适当增加粮食进口以调整农业结构，加快农业现代化步伐，但决不能放松国内粮食生产。靠别人解决吃饭问题是靠不住的。

20世纪90年代中期，美国学者莱斯特·布朗提出"谁来养活中国"的疑问，当时在国际上引起了一阵骚动。这一论调的核心观点是，随着持续快速的工业化进程，中国将不得不大量依赖进口，以解决自身无法解决的不断增长的粮食需求，从而引发整个世界的粮食危机。

然而，20年过去了，中国政府和人民用自己的行动证明了布朗的错误：中国不仅实现了较高速度的经济发展，而且基本实现了粮食的自给自足。这是一个世界奇迹，也是对世界和平与发展的重大贡献，从而给那些戴"有色眼镜"的西方人以有力的回击。

中国在发展，人民生活水平在提高，食品需求结构在提升，未来我们对粮食的需求还将刚性增长。在这一形势下，无论什么时候我们都不能轻言粮食过关了，"保障粮食安全"这根弦任何时候都不能松。

要保障中国的粮食安全，就必须保护好耕地这个粮食生产的命根子，保证中央提出的"耕地面积18亿亩、粮食播种面积16亿亩"这根红线不能碰；必须切实落实中央有关"三农"的各项政策措施，加强对"三农"的投入和支持力度。

中国要强，农业必须强；中国要美，农村必须美；中国要富，农民必须富。只有农业强了、农村美了、农民富了，全中国人民的饭碗才能端得稳、端得正、端得好。

"蛋糕"不断做大了，同时还要把"蛋糕"分好。我国社会历来有"不患寡而患不均"的观念。我们要在不断发展的基础上尽量把促进社会公平正义的事情做好，既尽力而为、又量力而行，努力使全体人民在学有所教、劳有所得、病有所医、老有所养、住有所居上持续取得新进展。

——2014 年 1 月 1 日，习近平在《人民日报》上发表署名文章《切实把思想统一到党的十八届三中全会精神上来》

做"蛋糕"与分"蛋糕"

——兼顾经济发展和社会公平

蛋糕，是我们每个人再熟悉不过的食品了，亲朋好友聚会的时候，分食大蛋糕，是一件非常幸福的事情。在现代汉语里，一般用"做蛋糕"比喻发展经济，用"分蛋糕"比喻社会财富的分配。

习近平用"蛋糕"打比方，旨在说明一方面中国要持续地把经济建设搞好，以创造更多的社会财富，为更多、更好地分好蛋糕打好物质基础；另一方面也要不断促进社会的公平正义，使改革开放以来的发展成果更加公平地惠及全体中国人民，达到做大蛋糕的目的。

古人云："仓廪实而知礼节，衣食足而知荣辱"，说的是物质生活保障的重要性。改革开放以来，中国的经济建设已经取得很大的成绩，这是有目共睹的。但在当代中国，人口多、底子薄、资源匮乏、经济发展水平落后仍是最基本的国情。改变中国的落后状况，就必须依靠发展经济。正在从温饱走向小康的中国人民对进一步改善生活品质愿望强烈，这也对经济发展提出了更高的要求。进一步而言，尽管我们的"蛋糕"比过去大了许多，但与发达国家相比，我们的"蛋糕"并不足够大，更何况我们有如此大的人口基数，即便是最公平地分"蛋糕"，每个人所能得到的依然很少。因此，在当代中国，首要的是进一步做大"蛋糕"，以经济建设为中心的基本路线不能动摇，且必须长期坚持下去。

古人又云："不患寡而患不均。"这句话在中国妇孺皆知，意思是说不公平比贫穷还要可怕。在当代中国，公平正义问题应该引起我们的足够重视，换句话说，我们的社会还存在着大量有违公平正义的现象和问题。比如，社会各界反映强烈的贫富差距拉大的问题，一小部分人利用发展中的制度漏洞，或是通过不正当手段，甚至是通过违法方式，迅速积累大量财富，而且他们中的很多人还为富不仁，故而广受诟病。

中国处于社会主义初级阶段，客观上存在着诸多差别问题，如不同行业之间的差别、城乡之间的差别、地区之间的差别等，其成因是复杂的，人们也并不期望这些差别能在短期内消失。然而，那些假公济私，凭借垄断地位而攫取私利，凭借先富之机扩大自身优势而实施所谓"丛林法则"等造成的社会不公平，是破坏社会稳定的最危险因素，对社会发展危害是最大的，因而也是老百姓最痛恨的。

老百姓对有违公平正义的现象和问题反映强烈，由此造成的仇富心理和行为在一定程度和一定范围内是存在的，一些因仇富而产生的极端行为也时常见诸报端。可以说，公平正义问题是影响中国发展进步的重大社会问题，必须引起足够的重视。社会公平正义的问题不解决，不仅社会主义建设的胜利成果难以保持，甚至有可能引起社会的动荡。

发展中产生的问题，最终还需要靠发展来解决。党和政府的首要任务，是引领经济和社会发展；同时，维护社会的公平正义，也是政府应负的重要责任。说到底，就是要按照中共十八届三中全会的部署，全面深化改革，坚持发展是第一要务，同时让公平正义的阳光普照神州大地。

要处理好活力和有序的关系，社会发展需要充满活力，但这种活力又必须是有序活动的。死水一潭不行，暗流汹涌也不行。

——2014 年 1 月 1 日，习近平在《人民日报》上发表署名文章《切实把思想统一到党的十八届三中全会精神上来》

死水一潭与暗流汹涌

——切实保障社会发展的活力与有序

死水原指没有流动、没有换新的水，人们通常用它比喻一个社会或组织团体缺乏活力；暗流原指江河看似平静的水面之下的激流，现常比喻一个社会的无序和混乱。习近平借用"死水一潭"和"暗流汹涌"作喻，旨在说明社会发展不仅需要充满活力，而且要求这种活力必须是有序的。

"死水一潭"的社会看上去很有序，但社会体制却是僵化的，人被僵化的体制束缚，没有自由发挥的空间，一切都是设定好的、按部就班的。这种"有序"的社会是没有活力的社会，当然也是难以向前发展的社会。

计划经济时代的中国社会相对而言是一个缺乏活力的社会，人们吃大锅饭，少有竞争，干多干少差别不大，整个社会缺乏前进的动力，缺乏创新的源泉。改革开放打破了这种体制，给社会发展松绑，让社会活力迸发出来，从而推进中国社会的发展进步。

社会发展必须要有活力，这是历史与实践证明了的不可违背的基本规律。要想使社会充满活力，就需要减少对社会生活和人们活动不必要的管制与干预，就需要通过政策与制度的供给，通过法律的保障，刺激社会活力持续不断地产生。对于政府管得过多的中国社会而言，就需要通过深化改革，推进现代社会治理体系建设，让一切劳动、知识、技术、管理、资本等要素的活力竞相迸发，让一切创造社会财富的源泉充分涌流。

然而，活力不等于无序发展，更不等于"暗流汹涌"，我们需要的社会活力应该是在法治轨道上有序进行的。无序与"暗流汹涌"不仅不是活力的表现，更是对社会健康活力的巨大危害。中外历史发展经验表明，没有哪一个国家能够在无序的状态下发展进步。无序意味着混乱，无序意味着危险。当前，中国社会结构正处于深刻调整与变革之中，思想观念日趋多元，利益关系和利益诉求复杂多样，如果对社会发展彻底放手，不管不问，致使社会无序，不仅不会促进社会的发展，反而会伤害中国社会的发展进步，改革开放以来的建设成就也有可能付诸东流。因此，社会发展"暗流汹涌"要不得，排查"暗流"、排解"暗流"、疏导"暗流"便成为当务之急，切不可麻痹大意、掉以轻心，忽视或无视"暗流"存在。

"死水一潭"与"暗流汹涌"对于社会发展而言都是极不可取的。"死水一潭"的社会因为没有活力而停滞不前，"暗流汹涌"的社会因为无序混乱而丧失发展的可能，唯有有序而充满活力的社会才会不断向前发展进步——这也是中国特色社会主义建设所追求的目标。

建设有序而充满活力的和谐社会，就需要按照中共十八届三中、四中全会精神，全面深化改革，加快推进依法治国进程，加快推进政治体制改革和行政管理体制改革，进一步简政放权，加快推进现代社会治理体系建设，让不同社会主体发挥其在社会治理中应有的作用，调动一切社会要素，共同为建设一个充满活力的和谐社会而努力。

要提升城市建设特别是基础设施建设质量，形成适度超前、相互衔接、满足未来需求的功能体系，遏制城市"摊大饼"式发展。

——2014 年 2 月 26 日，习近平在北京考察工作时的讲话

遏制城市"摊大饼"式发展

——城市建设要科学规划

摊大饼本是中国老百姓非常熟悉的一种制作面食的方法，就是用擀面杖在面团上滚压，使其向周围不断扩展变大。习近平借用"摊大饼"一词，旨在批评当前城市发展中出现的一种不科学倾向：以老城为中心，不断地向城市四周扩张，以致城市越来越大，并由此导致诸多城市问题。习近平选择在北京考察工作时突出强调遏制城市"摊大饼"式发展，是有其深意的。

"摊大饼"式的城市发展模式，虽然使城市规模越来越大，越来越壮观，但同时也带来了极为严重的城市问题。比如，由于城市过大且功能又过于集中，导致人口高度密集，城市公共基础设施不堪重负，公共资源紧缺，由此带来严重的交通拥堵、环境污染、房价畸高、生活成本攀升等问题，这些问题在北京等特大型城市已经相当严重。"摊大饼"式的城市发展模式，使本来宜居的城市变得不宜居了，城市发展变得不可持续。

现代城市应该怎样建设和发展？新中国成立后，中国人一直在探索，苦于缺乏现代城市的建设经验，我们不得不向国外学习。20世纪五六十年代的苏式建筑和城市风格的烙印，至今仍保留在我国不少城市之中。

改革开放之后，伴随着经济的快速发展，中国城市建设规模也急速扩张，在这一过程中，我们主要是向西方学习，建设特大城市以引领经济发展的城市发展模式逐渐被我们所接受——但我们却忽略了人口众多、产业结构相对低端的国情，结果是城市的确变大了，但基础设施和公共服务却跟不上，致使城市问题层出不穷。

"贪大求洋"的领导意志也导致了城市"摊大饼"式的疯长。一些地方领导为了追求所谓的政绩，在城市规划与建设上不顾实际地片面追求大、追求新、追求洋，城市在领导的虚荣与政绩中越摊越大。总的来说，中国城市，尤其是大城市，"摊大饼"式的发展有着深刻的历史与现实原因。

遏制城市"摊大饼"式的发展，首先需要城市管理者摒弃"贪大求洋"的错误政绩观和城市建设理念，不盲目攀比，不脱离实际，树立城市不是越大越好、楼房不是越高越好的理念，注重城市内涵建设与发展。同时，完善领导干部政绩考察方式，不以城市外在变化论英雄，从体制上杜绝城市盲目扩张的冲动。

遏制城市"摊大饼"式的发展，也需要在城市建设上坚持科学规划，杜绝长官意志。城市规划一方面要考虑未来发展的需要，为未来发展奠定基础；另一方面也要充分考虑实际情况，尤其不能脱离实际，盲目照搬他国城市建设经验。在科学论证基础上的城市发展规划一旦确定，就要一张蓝图干到底——当然，根据城市发展而对规划作适当调整也是很必要的，杜绝按照领导的意志随意更改城市规划。

在当下中国，伴随着经济的持续增长和社会的繁荣稳定，城市扩张的冲动难以避免。遏制城市"摊大饼"式的发展，要以创造历史、追求艺术的高度负责精神，为人们创造更美好的生活。这不仅考验着城市管理者的智慧，也需要我们每一位公民的共同努力。

我们既要绿水青山，也要金山银山。宁要绿水青山，不要金山银山，而且绿水青山就是金山银山。我们绝不能以牺牲生态环境为代价换取经济的一时发展。

——2013 年 9 月 7 日，习近平在哈萨克斯坦纳扎尔巴耶夫大学发表演讲后回答学生提问时的讲话

绿水青山与金山银山

——生态与经济的相互支撑与转化

早在 2006 年，习近平在任浙江省委书记的时候，就深刻阐述了绿水青山和金山银山的辩证关系。中共十八大以来，习近平又在多个场合强调"绿水青山就是金山银山"，用"绿水青山"与"金山银山"的关系，比喻保护生态环境与发展经济之间的辩证关系，强调两者之间不是对立的，而是相互支撑、相互转化的。

改革开放 30 多年，"发展是硬道理"的观念已深入人心，从干部到群众，都认识到建设"金山银山"的重要性。没有一定的物质基础，贫穷落后的面貌无法改变，老百姓的生活也没有办法改善。我们国家是一个有着 13 亿人口的发展中大国，处于社会主义初级阶段的现实并没有改变，很多地方老百姓的收入还处在贫困线以下，城乡发展差距也很大。当前，尽管我国的 GDP 总量已跃升至世界第二，但人均 GDP 仍排在世界的中列。目前，中国的发展面临着很多问题，这些问题都与老百姓日常生活密切相关，诸如医疗、就业、教育、养老等。要解决这些问题，必须依靠发展来解决，需要物质基础，需要资金投入。因此，我们需要"金山银山"。

搞建设、促发展是重要的，但现在的问题是，相当长一段时间以来，一些地方把"金山银山"与"绿水青山"对立起来，信奉"先生产、后治理"的逻辑，有的甚至不顾整体利益和可持续发展，索性搞"竭泽而渔"，"吃祖宗的饭，断子孙的路"。它所付出的资源枯竭、环境恶化、能源危机的代价，已经成为制约中国进一步发展的巨大障碍。自然界的能源生成以及环境的自我净化，都有自己的规律，要强行打破这些规律，造成不可逆的局面，"再治理"就来不及了。我们要与自然界和谐相处，就要顺应自然规律，否则，就会受到自然界的"报复"。正如恩格斯所说，人类不要过分陶醉于对自然界的胜利，对每一次这样的胜利，自然界都报复了我们。因此，我们离不开绿水青山。

现今，中国的 PM2.5 问题已经成为一个世界性话题。环境危机已经成为每一个中国人不得不面对的亟待解决的问题。以牺牲环境为代价的发展，绝不是我们需要的发展，我们所要建设的现代化，也绝不是"暗无天日"、没有新鲜空气呼吸、没有干净水可以饮用的现代化。

面对"绿水青山"遭到的现实威胁，治理和保护环境已成为人们的共识，我们需要集体反思的是，如何使政府在宏观层面的工作，与我们每个人在微观层面的行动实现良性的互动。同时，我们还须认识到，在经济发展中保护环境是一个世界性难题。19 世纪末直至 20 世纪中叶，环境污染问题也同样困扰着西方发达国家，他们当时也面临污水横流、雾霾满天的尴尬，伦敦不就因此得了个"雾都"的外号吗？美国从 20 世纪 40 年代雾霾出现，到 1970 年出台《清洁空气法案》，经历了 20 多年；英国伦敦在雾霾下反思纠错，也经历了 20 多年的努力才"重见天日"。因此，我们要充分认识环境治理的长期性和艰巨性，它不仅是一场攻坚战，更是一场持久战，需要我们的坚定决心和持久耐心。

绿水青山与金山银山本来就不是绝对对立的，而是辩证统一的，根本来说，要求各级地方政府，从传统的资源驱动型向创新驱动型转变。更重要的是，不能路走得很快，但忘了为什么而出发，从人类生存和发展的幸福感角度看，绿水青山本来就是金山银山。正如习近平所言："保护生态环境就是保护生产力，改善生态环境就是发展生产力。"俗话说得好："留得青山在，不怕没柴烧"，"常青树就是摇钱树，常绿水就是发财水"。也就是说，绿水青山完全可以转化为经济发展、转化为金山银山。让人欣慰的是，生态经济发展之路已在很多地方成功实践。

国际社会也期待中美关系能够不断改善和发展。中美两国合作好了，就可以做世界稳定的压舱石、世界和平的助推器。

——2013 年 6 月 7 日，习近平同美国总统奥巴马会晤时的讲话

"压舱石"与"助推器"

——共同维护世界的和平与稳定

在论及对外关系时，习近平在多个场合用到"压舱石"和"助推器"的比喻。2012年2月14日，时任国家副主席的习近平访问美国，在出席中美企业家座谈会时，寄语两国企业家："深化经贸在两国关系中'压舱石'和'推进器'的作用。"2013年1月25日，习近平在会见日本公明党党首山口那津男时说："事实证明，两国间四个政治文件是中日关系的压舱石，应坚持遵守。"

古代航运空载率较高，在空船航行时，船的整体重心在水面以上，极易翻船。因此船上都备有石头压舱，以免翻船，装货时再卸掉它。"压舱石"由此而来。现代远洋货轮尽管满载率很高，但依然离不开"压舱石"，只不过"压舱石"不再是真的石头，而是按照标准用铁铸造而成，全世界通用。在现代汉语中，"压舱石"常比喻使事物健康向上发展的可靠保证。

"助推器"本为科技名词，原指一种动力装置，用于导弹、飞船等发射时使其迅速飞离发射器并加速达到预定飞行速度的火箭发动机。在日常生活中，"助推器"被大量使用，比喻对事件的发展起推动、促进作用的关键因素。事物的发展既需要保持稳定的"压舱石”，又需要推动前进的“助推器”。

在中美关系上，习近平一方面借用“压舱石”和“助推器”来说明经贸往来在两国关系发展中的重要性：既是两国关系保持稳定的基础，又是促进两国关系向更高层次发展的推动力量；另一方面，他借用“压舱石”和“助推器”来比喻中美两国的友好合作对于世界和平与发展事业的重要性：中美致力于合作，避免对抗，不仅是维护世界稳定的重要基础，也是推动世界和平与发展的重要力量。

在中日关系上，习近平借用“压舱石”来说明“四个政治文件”在发展中日关系上的特殊重要性。中日两国之间的“四个政治文件”，是指 1972 年两国恢复邦交时发表的《中日两国关于恢复邦交正常化的联合声明》、1978 年两国签署的《中日和平友好条约》、1998 年双方发表的《中日联合宣言》，以及 2008 年两国发表的《关于推进战略互惠关系的联合声明》。这四个政治文件尊重历史，承认日本侵略中国的史实，承认中日之间在相关领土问题上的争议。这四个政治文件既是维护中日关系友好的“压舱石”，又是推动中日关系迈上新台阶的“助推器”，遵守这四个政治文件，就能维护并促进中日关系向前发展；违背这四个政治文件，就是破坏中日关系发展。

向外国人讲“中国话”，巧用比喻，是习近平语言风格的一大特色。这里，他用“压舱石”和“助推器”来说明中国在对外关系上的基本理念、原则和立场，精炼而传神，朴素而易于理解。

中国将致力于构建横跨太平洋两岸、惠及各方的地区合作框架。太平洋之所以广大，是因为它没有任何自然阻隔，我们不应该为它设定人为的阻隔。我们要发挥亚太经合组织引领和协调作用，秉持开放包容、互利共赢思想，加强宏观经济政策协调、促进区域自由贸易安排的协调，深化区域一体化进程，防止出现"意大利面碗"现象，推动在太平洋两岸构建更紧密伙伴关系，共谋亚太长远发展。

——2013 年 10 月 7 日，习近平在亚太经合组织工商领导人峰会上的演讲

防止出现"意大利面碗"现象

——亚太地区要构建更紧密伙伴关系

"意大利面碗"现象一词,源于美国经济学家巴格沃蒂 1995 年出版的《美国贸易政策》一书,意指在双边自由贸易协定和区域贸易协定(统称"特惠贸易协议")下,各个协议的不同优惠待遇和原产地规则,就像碗里的意大利面条一样一根根交织在一起,剪不断、理还乱。

习近平借用"意大利面碗"这一经济学用语,旨在说明亚太地区要加强合作,避免经济、政治、安全等各方面出现不必要的矛盾和冲突,影响区域合作与发展进步。这一用语,也体现了习近平语言风格的另一特色:善于使用国际通用话语,言简意赅地阐述复杂的国际局势,并旗帜鲜明地表达中国的观点和立场。

当前,亚太地区是世界上最具活力和发展潜力的地区之一,这一点,在 2008 年金融危机之后表现得非常突出。然而,亚太地区的政治局面却很复杂,尽管和平与发展仍是时代的主题,但亚太地区国家与国家之间的矛盾与冲突层出不穷,少数国家内部政局动荡的情况也时有发生,这导致亚太地区各国在政治,尤其是安全领域的"意大利面碗"现象比较突出。这种情况如果得不到亚太地区各国的高度重视，将会严重影响亚太地区甚至是世界的和平与发展。这也是习近平强调防止"意大利面碗"现象的原因所在。

就经贸关系而言，在亚太地区，除了亚太经合组织，还存在多种贸易协定并存的局面，这些贸易协定之间必然存在一些相互冲突之处。在政治与安全上，一些国家拉帮结派是导致亚太地区不稳定的重要原因。此外，历史遗留问题、地缘政治、领土纷争等战略利益冲突，也导致亚太地区国家之间关系复杂多变，时常波诡云谲，阴晴不定。因此，深化亚太区域一体化进程充满挑战。

要防止出现"意大利面碗"现象，亚太地区各国需要加强互信，加强团结。相互信任就像阳光一样珍贵，一个相互猜忌、相互提防的亚太是没有未来的，亚太地区的和平与发展一定是建立在各国之间的相互信任基础之上的。正如习近平所呼吁的那样，亚太各国"不能互相踩脚，甚至互相抵消"，而是要相互支持，互利共赢，相互合作，形成合力，共同应对各种挑战。唯有如此，亚太地区的活力和潜力才会充分释放。

中国有句古话："没有规矩，不成方圆。"要防止出现"意大利面碗"现象，避免可能的冲突和矛盾，必须建立亚太地区各国共同遵守的行动规则，APEC 体系下的各项规则就是很好的典范。从维护亚太地区各国共同利益出发而制定的各类地区规则，应该得到各国共同遵守和维护。唯有如此，亚太地区各国才能形成合力，化解矛盾，抵御地区发展中面临的风险和挑战。

在经济全球化的背景下，亚太地区已经形成了利益和命运共同体，在一定意义上说是一荣俱荣，一损俱损。在事关本地区和平、发展、稳定、安全的一切重大问题上，亚太各个国家作出的一言一行都应该是建设性的，是相互支持、相互打气、相互"补台"的，中国愿意并正在为此做出自己的不懈努力。只要亚太地区各国做到了这些，就能防止"意大利面碗"现象的出现，亚太地区的活力和潜力就一定会充分释放，地区的持续繁荣与发展就一定会实现。

理想信念就是共产党人精神上的"钙"，没有理想信念，理想信念不坚定，精神上就会"缺钙"，就会得"软骨病"。现实生活中，一些党员、干部出这样那样的问题，说到底是信仰迷茫、精神迷失。

　　——2012年11月17日，习近平在十八届中央政治局第一次集体学习时的讲话

"钙"与"软骨病"

——信仰迷茫、精神迷失的危害

钙，是一种功能强大且化学性质十分活泼的生命元素，能够与许多物质合成，生成新的物质。钙对人体健康非常重要，无论肌肉、神经、体液和骨骼中的蛋白质，都是由钙离子结合而成。当钙占到人体体重的 1.5% ~ 2.0% 时，才能保证人的健康。钙含量不足，则会影响机体的生长发育和健康。比如，骨质疏松等"软骨病"就是缺钙的生理疾患之一。

习近平把生命元素"钙"、身体疾患"软骨病"引入政治生活领域，意在说明中国共产党人坚定理想信念之"钙"的重要意义，以及缺乏理想信念而患"软骨病"的严重危害性。

历史证明，中国共产党是最不"缺钙"、骨头最硬的政党。中国共产党成立于民族危亡之际，其领导中国人民争取民族解放与独立的伟大历程，可谓血雨腥风、历尽磨难、艰苦卓绝，如果没有坚定的理想信念，是难以完成开天辟地的伟大革命的。90多年来，中国共产党从一个只有几十名党员的小党，发展壮大成如今有8 000多万名党员的执政大党，离不开中国共产党人坚定的理想和信念，离不开中国共产党人精神和信仰的力量。李大钊、刘胡兰、夏明翰等无数优秀共产党员抱着坚定的理想信念，为中国革命的胜利牺牲自己。在社会主义建设时期，坚定的理想信念同样是共产党人不懈奋斗搞建设的精神动力，焦裕禄、孔繁森、杨善洲、郭明义等就是典型代表。

那么，为什么现实中"一些党员、干部出这样那样的问题，甚至有的党员信仰迷茫、精神迷失"呢？究其原因，是在党长期执政的背景下，一些共产党员经不起现实中各种诱惑、考验和挑战，放松了对自己的要求，放松了警惕，放松了学习，在不知不觉中理想信念动摇，这就是精神信仰"缺钙"。又因为"缺钙"而信奉利己主义、享乐主义、拜金主义；继续发展下去，在大是大非问题面前，就会迷失方向；在金钱的利诱面前，就会挺不起胸膛；在美色的引诱面前，就会甘当"俘虏"，"这样那样的问题"因此层出不穷。个人"缺钙"是如此，集体"缺钙"亦如此。习近平反复强调"不允许搞团团伙伙、帮帮派派。不允许搞利益集团，进行利益交换"，就是对各级党员干部"大喝一声，猛击一掌"。

"缺钙"而患"软骨病"，不仅会毁掉党员个人的发展和人生，更关系到党的生死存亡。因为党的先进性是凭借所有党员来共同维护的，人民群众是通过党员的个人形象来看党的整体形象的。尤其当今时代，已经不是"一俊遮百丑"的时代了，而是"一丑遮百俊"的时代，对党员、干部个体的要求因此更高。这也是为什么习近平反复强调坚定理想信念重要性的原因所在。

"缺钙"就需要"补钙"。中国共产党的性质，决定了"缺钙"者首先要补马克思主义基本原理这一看家本领之"钙"，加强理论学习，补齐理论短板，夯实理想信念之基。把理想信念融入实际工作中，在实践中磨炼自己，做社会主义道德的示范者、诚信风尚的引领者、公平正义的维护者，补足精神上的"钙"，不辜负人民的重托和希望，以实际行动彰显共产党人的人格力量，不做群众厌恶的跳梁小丑。同时要时时警惕，"钙"的流失极易发生，因此，"补钙"必须在"常"、"长"二字上下工夫，就像吃饭、睡觉一样，把"补钙"当作自己每天的必修课，常抓不懈，持之以恒。

将理想信念比作共产党人精神之"钙"，巧用一字，拉近了"理想信念"这个抽象概念与我们每个人的距离，加深了我们对坚定理想信念重要性的认识，可谓一字点睛。

要以踏石留印、抓铁有痕的劲头抓下去，善始善终、善做善成，防止虎头蛇尾，让全党全体人民来监督，让人民群众不断看到实实在在的成效和变化。

——2013 年 1 月 22 日，习近平在十八届中央纪委二次全会上的讲话

踏石留印，抓铁有痕

——抓作风建设要有狠劲和韧劲

"踏石留印"、"抓铁有痕"，原指人们踏石、抓铁要留下印记、痕迹，比喻做事情不达目标不罢休，如果做，就一定要做好的精神。习近平借用"踏石留印"、"抓铁有痕"作喻，意在强调我们党持续深入抓作风建设、反腐倡廉的坚定决心，突出表达新一届中央领导集体做事一抓到底的狠劲和韧劲。

这斩钉截铁、铿锵有力、掷地有声的八个字，是习近平敢于负责、真抓实干、求真务实工作作风的最好诠释，凸显着一股力量，展现出一种刚强，凝聚着一份真情，张扬着一腔正气，既充满底气、彰显决心，又情真意切、恰到好处，可谓字字千钧，精炼而传神。

作风扎实深入是中国共产党的优良传统。毛泽东就曾说过："世界上怕就怕'认真'二字，共产党就最讲'认真'。"作风扎实是中国共产党战胜艰难困苦、赢得人民群众拥护的重要原因。不管是革命年代还是和平建设时期，只有作风扎实，工作才能落实；只有狠抓落实，才能体现作风的转变。中共十八大以来，新一届中央领导集体"踏石留印"、"抓铁有痕"的工作态度和工作作风，让人耳目一新，体现了我们党优良作风在新的历史时期的新发展。

不容回避的是，在实际工作中，有些地区和部门的工作作风不是"踏石留印，抓铁有痕"，而是"踏石无印轻飘飘，抓铁无痕软绵绵"。做工作浮在上面，蜻蜓点水，只触及皮毛，遇到问题绕道走；抓落实一阵风，搞运动，点到为止，不求跟进、不想深入、不管持久；还有的明哲保身，对真问题不敢担当、畏首畏尾、避其锋芒。这种"轻飘飘"、"软绵绵"的工作作风和精神状态，对社会主义建设事业是有害的，老百姓也是深恶痛绝的。

抓作风、反腐败，必须始终保持"踏石留印、抓铁有痕"的精神状态。这既是一个思想问题，也是一个方法问题。表现在改进作风和反腐倡廉工作上，就要求不能抓而不紧、抓而不实，更不能抓抓停停、一阵风，而是要建立长效机制，持之以恒，善始善终，让人民群众看到实实在在的成效。

"踏石、抓铁"要真做。"踏"和"抓"是前提，不"踏"不"抓"，既留不了"印"，也显不出"痕"。如果蜻蜓点水，浮光掠影，脚底抹油，迎难而"溜"，没有抓落实的行动，缺乏"踏石"的科学办法和力度，是不可能抓出成绩、抓出实效的。同时，"踏"和"抓"还要有侧重，不能眉毛胡子一把抓，要特别注重抓党中央的重大决策和重要部署，抓实际工作中的主要矛盾和关键环节，让"踏"和"抓"科学而高效。

"踏石、抓铁"要善做。"踏石留印，抓铁有痕"不能使蛮力，瞎折腾，否则就会留下伤痛之"印、痕"。因此，要科学用力、增智借力，在"抓"中学，学以致用；在"踏"中思，思则增智，如此一来，"踏石、抓铁"才会留下又好又快之"印、痕"。

"踏石、抓铁"要善成。"踏石、抓铁"是基础、是关键，"留印、有痕"是目的、是成果。当前，我们正处于全面深化改革的关键时刻，面临的矛盾、问题和困难还很多，我们要坚决贯彻党中央的部署和要求，以"踏石留印，抓铁有痕"的勇气和毅力，直面问题，化解矛盾，解决难题，中华民族伟大复兴的中国梦就一定能实现。

从严治党，惩治这一手决不能放松。要坚持"老虎"、"苍蝇"一起打，既坚决查处领导干部违纪违法案件，又切实解决发生在群众身边的不正之风和腐败问题。

——2013 年 1 月 22 日，习近平在十八届中央纪委二次全会上的讲话

打"老虎"，拍"苍蝇"

——坚决查处不正之风和腐败问题

在日常生活中，老虎是人见人怕的凶猛野兽，苍蝇是人见人恨的讨嫌害虫。这里，"老虎"、"苍蝇"比喻的是腐败分子："老虎"是指位高权重的腐败分子及其相关的大案要案；"苍蝇"是指职位不是很高的腐败分子，他们小腐巨贪、吃拿卡要、徇私枉法，老百姓也深恶痛绝。

前几年，坊间曾有传言或担忧，反腐败是只打"苍蝇"不打"老虎"，因为中国自古就有"老虎屁股摸不得"的说法。针对百姓的这一担忧，习近平提出"要坚持'老虎'、'苍蝇'一起打"，表明了中国共产党查处腐败的坚定决心和鲜明态度。中国有句古话，叫"上梁不正下梁歪"，高层、实权部门的贪污受贿，动辄上千万，甚至上亿，社会影响恶劣。如果不打"老虎"，上行下效，"苍蝇"就会越来越多，如此一来，国将不国。

因此，惩治腐败，首当其冲就是要打"老虎"。另外也应该看到，普通民众平时感受到的，往往是整天在身边"嗡嗡"飞的"苍蝇"，他们的贪腐大都涉及群众的切身利益，如挪用救灾款，私吞征地补偿款，以及克扣教育经费、农民工工资和给各类弱势群体的补助款，还有司法不公等，性质极其恶劣，直接影响党群关系，如果听之任之，必将与"老虎"一样，危及党的执政地位和社会稳定。"坚持'老虎'、'苍蝇'一起打"，体现了在惩治腐败问题上的辩证法。

老百姓最关心的是落实情况。习近平提出"要坚持'老虎'、'苍蝇'一起打"，让人眼前一亮。十八大以来，党中央惩治腐败的密度之大、力度之强，给百姓吃下一颗定心丸！从立案审查周永康，依法处理薄熙来、徐才厚，到刘志军、蒋洁敏等省部级高官的落马，"老虎"纷纷现形，让人拍手称快。据统计，自 2012 年底至 2014 年7 月，有 40 多名省部级官员被调查处理，各地区、各部门处理的"苍蝇"级别的腐败分子，更是难以计数，以至境外媒体都惊呼共产党反腐是"玩真的了"。

当然，反腐工作上取得的成绩，也从另外一个侧面反映了反腐的艰巨性、复杂性和长期性。吏治腐败是一个世界性的难题，非哪一国、哪一政党所独有，古今中外一直存在。作为执政党，中国共产党历来重视反腐倡廉工作，勇于发现自身肌体上的毒瘤并坚决清除掉；而旗帜鲜明地提出并动真格地既打"老虎"、又拍"苍蝇"，进一步体现了中国共产党的成熟、自信和魄力。与此同时，我们还要看到，当前腐败滋生和蔓延的条件依然存在，腐败不可能在短时间内完全消除，我们要有长期斗争的准备。

习近平巧妙地借用"老虎"、"苍蝇"做比喻，形象而生动地阐释了党中央在惩治腐败这一大是大非问题上的原则立场和政策措施，既起到了震慑作用，又深入民心；既是政治宣言，又是庄严承诺；既意蕴深远，又指向明确。可谓字字千钧，掷地有声！

教育实践活动要着眼于自我净化、自我完善、自我革新、自我提高，以"照镜子、正衣冠、洗洗澡、治治病"为总要求。

——2013 年 6 月 18 日，习近平在党的群众路线教育实践活动工作会议上的讲话

照镜子、正衣冠、洗洗澡、治治病

——群众路线教育实践活动的总要求

古人云："以铜为镜可以正衣冠，以古为镜可以知兴替，以人为镜可以明得失。"习近平在全党深入开展党的群众路线教育实践活动之际，明确把"照镜子、正衣冠、洗洗澡、治治病"作为总要求，就是要对作风之弊、行为之垢来一次大排查、大检修、大扫除，增强党的自我净化、自我完善、自我革新、自我提高能力，不断开创中国特色社会主义事业新局面。这个总要求立足当前，着眼长远，通俗鲜明，符合实际，具有很强的针对性和指导性。

"照镜子"，主要是以党章为镜，对照党的纪律、群众期盼、先进典型，对照改进作风要求，在宗旨意识、工作作风、廉洁自律上摆问题，找差距，明方向。要以党的基本理论为镜，坚定共产主义理想信念，坚定对中国特色社会主义理论、道路和制度的自信。"照镜子"，才能无愧于党。党章是党的根本大法和最高行为规范，是党员干部言行的标准尺，要以党章为镜，对照查不足，找差距，特别是在践行党的宗旨，贯彻群众路线，保持清正廉洁等方面更要多"照镜子"。要以群众的期盼为镜，深入基层、深入实际、深入群众开展调查研究，反思工作中的差距和不足，明确改进作风的方向。

"正衣冠"，主要是按照为民务实清廉的要求，勇于正视缺点和不足，严明党的纪律，特别是政治纪律，敢于触及思想，正视矛盾和问题，从自己做起，从现在改起，端正行为，自觉把党性修养正一正，把党员义务理一理，把党纪国法紧一紧，保持共产党人良好形象。"正衣冠"，才能俯身亲近于民。要针对"照镜子"发现的差距和问题，以对党和人民高度负责的态度和强烈的自省自律意识，认真进行自我教育、自我完善、自我提高。对存在的矛盾和问题要抓紧解决，不漠视，不回避，不推卸，做到敢于正视，敢于纠正，敢于担当，与群众零距离接触，虚心向群众学习，听取真言，了解真情，进一步树立为民务实清廉的良好形象，真正做到取信于民。

"洗洗澡"，主要是以整风的精神开展批评和自我批评，深入分析发生问题的原因，清洗思想和行为上的灰尘，保持共产党人政治本色。自觉拿起批评和自我批评的武器，同各种不良风气作斗争，既要解决实际问题，又要解决思想问题。"洗洗澡"，才能抵制病毒侵扰。领导干部要多"洗洗澡"，去除身上的尘垢，讲真话、办实事、解民忧，深刻自我剖析，诚恳接受批评，通过批评与自我批评的方式查摆问题，提高认识，转变作风。

"治治病"，主要是坚持惩前毖后、治病救人方针，区别情况，对症下药，对作风方面存在问题的党员、干部进行教育提醒，对问题严重的进行查处，对不正之风和突出问题进行专项治理。因此，党员干部要深入基层一线，拜人民群众为师，赢得广大人民群众的拥护和支持，汇集和凝聚亿万人民群众的智慧。"治治病"，才能挺胸轻装前行。在总要求中，"治治病"是党的群众路线教育实践活动的归宿和落脚点。毛泽东曾指出，要学会"惩前毖后，治病救人"。因此，"治治病"既要以"救人"为目的，又要着眼于"毖后"；既要查处不正之风，又要从普遍存在的问题入手，从制度上找原因，在治本上下工夫。同时，还要注意总结"防病治病"的经验，认识和把握"防病治病"的规律，做到防微杜渐，注重从制度和体制机制上解决问题。

古人云："吾日三省吾身。"每位共产党员，尤其是党员领导干部，要时常"照镜子、正衣冠、洗洗澡、治治病"，时刻做到自重、自省、自警、自励，坚定理想信念，切实转变工作作风，树立正确的价值观，为实现中华民族伟大复兴的中国梦而努力奋斗。

这里我很熟悉，当年下乡就骑自行车来。今天就是来听大家的，看看乡亲们，接接地气，充充电。

——2013 年 7 月 11 日，习近平在看望河北省正定县塔元庄村干部群众时的讲话

"接地气"与"充充电"

——领导干部要深入基层，向群众学习

　　"接地气"本为民间用语，"地气"指大地之气，也即是从地底下向地面泛上来的气。"接地气"是指挨着地面接收大地气息，顺乎自然，以利健康。现在常比喻为深入基层群众。"充电"本为科技用语，是指给蓄电池等设备补充电量的过程。蓄电池在其能量经放电消耗后，通过充电恢复，又能重新放电，构成充放循环。现比喻为组织和个人补充力量或知识，以使其不断进步提高。

　　"接地气"是近年来广为流传的一个词语，曾是《咬文嚼字》发布的中国"2012年十大流行语"之一。习近平使用这一流行语来自勉，也是和广大干部共勉，意在强调党和政府的各级干部都要深入基层，深入群众，向基层群众学习，听取基层群众意见。就此而言，"接接地气，充充电"其实也就是党的群众路线教育实践活动的基本要求。

　　长期在基层工作的经历，使习近平与基层群众有着天然的感情，对"接接地气，充充电"有着强烈的认同。1969年至1975年，他作为知识青年，到陕西省延川县文安驿公社梁家河大队插

队；1982 年至 1985 年，他在河北省正定县工作。因此，尽管出生在高干家庭，但习近平丰富的基层工作经历，使他对基层情况非常了解，对基层群众非常熟悉，故而由他说出"接接地气，充充电"，显得那么自然而贴切。

密切联系群众，是中国共产党能够战无不胜的三大法宝之一。在革命战争年代，中国共产党没有执政资源，正是与广大群众打成一片，成就了党的力量之源，正是在老百姓的衷心拥护和大力支持下，才取得了中国革命的胜利。不管是井冈山时期、延安时期，还是西柏坡时期，党就在老百姓中间，"接地气"成为中国共产党的优良传统。

中国共产党在领导人民取得政权之后，依然非常重视保持与群众的紧密联系。然而，由于在和平环境中长期执政，一些领导干部开始习惯于在会议室听取汇报，在办公室批阅报告，下基层的次数少了，了解基层情况的次数少了，听取群众意见和建议的次数少了，与基层群众的联系少了，与基层群众的感情也淡了，其结果就是党群关系、干群关系紧张，很多事情不能进行有效的沟通，小事发酵成大事。事实上，当前暴露出来的不少问题和矛盾，直接而根本的原因就是相关领导部门与群众之间缺乏有效沟通，不接地气。

人民群众是历史的创造者，他们在自己的生产生活实践中，积累了宝贵的经验，党和政府的路线、方针、政策好不好，执行得到不到位，人民群众是最有发言权的。因此，各级干部必须"接地气"，掌握基层实情，听取群众心声。同时，实践和创新的源泉在基

层，通过直接向一线群众学习，可以为自己"充电"。两者结合，才
能更好地解决基层群众的实际困难，从而得到群众的认同，才能化
解各种矛盾和问题，推动社会的和谐发展。

六十多年过去了，我们取得了巨大进步，中国人民站起来了，富起来了，但我们面临的挑战和问题依然严峻复杂，应该说，党面临的"赶考"远未结束。

　　——2013 年 7 月 11 日至 12 日，习近平在河北省调研指导党的群众路线教育实践活动时的讲话

赶考

——党面临的新考验与忧患意识

赶考，本是古代社会科举制度下的产物，指读书人参加科举考试以博取功名。在现代汉语里，主要用来比喻人们为完成某件事情而面临的考验。在中国共产党的历史上，毛泽东首次使用了"赶考"一词。1949 年 3 月 23 日上午，中共中央机关由西柏坡迁往已获和平解放的北平（现北京）。在路上，毛泽东兴奋地对周恩来说："今天是进京的日子，进京'赶考'去。"周恩来笑着回答："我们应当都能考试及格……不要退回来。"毛泽东说："退回来就失败了。我们决不当李自成，我们都希望考个好成绩！"毛泽东用进京"赶考"作比喻，甚至提出不当李自成，意在告诫全党，在党的主要任务由武装夺取政权转向全面展开社会主义建设，党的中心工作由农村转向城市之际，党将面临新的严峻考验。

习近平在西柏坡作出"党面临的'赶考'远未结束"的重要论断，旨在说明，面对新形势、新任务，党的领导水平和执政水平将面临新的挑战。

历史表明，保持"赶考"心态，保持革命年代谦虚、谨慎、不骄、不躁的作风以及艰苦奋斗的作风，是中国共产党能够连续取得社会主义革命和建设伟大成就的法宝之一。但成绩只能代表过去，考验没有止境，更何况我们在发展中还面临着诸多问题、困难和矛盾。在经济体制深刻变革、社会结构深刻变动、利益格局深刻调整、思想观念深刻变化的转型期，中国共产党面临着长期执政的考验、改革开放的考验、市场经济的考验和外部环境的考验，而精神懈怠的危险、能力不足的危险、脱离群众的危险、消极腐败的危险也更加尖锐地凸显出来。

面对严峻复杂的挑战，习近平以"赶考"来告诫全党，这既是对历史的深刻总结，更是对现实的清醒认识。一个"赶"字，道出了只争朝夕的紧迫感。当前，全面深化改革的任务艰巨而繁重，实现"两个一百年"的宏伟目标任重而道远，人民群众对美好生活的期待更加热切。这就对中国共产党的领导水平和执政水平提出了更高的要求，只有以"赶考"之心面对，才能始终保持昂扬向上的精神状态，抓住一切机遇，迎难而上，才能不辱时代使命，不负人民重托。

"赶考"，就要在作风上下工夫，继续保持谦虚、谨慎、不骄、不躁的作风，继续保持艰苦奋斗的作风，这是历史沉淀下来的优良传统，老祖宗不能丢。我们也欣喜地看到，中共十八大以来，中央把党风廉政建设作为一项重要任务进行部署，坚决贯彻八项规定，坚持"老虎"、"苍蝇"一起打，党风政风为之一变，人民群众备受鼓舞。

"赶考"，还要有接受评判、经受检验的自觉。考题，是时代和人民共同出给共产党人的，一场考试结束，答案是否正确，需要历史和实践加以判验。对了就坚持下去，错了就及时改正。执政党的"赶考"，考官是人民，"答卷"打多少分，人民群众说了算。只有在人民监督中不断提高"考试成绩"，才能交出人民满意的"答卷"。

古人云："生于忧患，死于安乐。""赶考"没有终点，只有进行时。

转变作风就是要打破"围城"、"玻璃门"和无形的墙，深入基层，深入群众，多接接地气很好。

——2013 年 7 月 23 日，习近平在主持召开湖北省领导干部座谈会时的讲话

打破"围城"、"玻璃门"和"无形墙"

——改进工作作风，密切联系群众

"围城"、"玻璃门"和"无形的墙"都是我们中国人非常熟悉的词语，习近平用这三个词打比方，指出党员干部，尤其是领导干部中存在的脱离基层、脱离群众的现象，强调要打破这种隔阂，真正做到联系群众。

党员干部，尤其是领导干部的作风问题，关系到党群关系、干群关系的好坏，习近平多次用形象生动的比喻来说明这个问题的重要性。比如，他用"接接地气，充充电"来说明深入基层，向群众学习的重要性，用群众厌恶的"作秀"一词来说明一些干部喜欢做表面文章的不正之风等。而打破"围城"、"玻璃门"和"无形的墙"，则重点着眼于影响党群、干群关系的症结及其解决。可见，这些贴切的比喻既指向同一主题，又各自有所侧重，相互联系。

在革命年代，党和群众之间没有什么"围城"、"玻璃门"和"无形的墙"，党和群众真正是鱼水之情、水乳交融在一起。在取得执政地位以后，党也十分重视保持与群众的血肉联系。然而，执政毕竟不同于革命，在一些党员干部看来，密切联系群众似乎不再迫切和必要，于是不少党员干部与群众之间开始慢慢形成一道无形的墙。

部分党员干部自认为有别于群众，视群众为异己，避群众唯恐不及。一些地方和部门因此存在着"门难进、脸难看、事难办"现象，更谈不上解民之忧、为民服务。这种现象在与群众打交道最多的基层表现得最明显，群众对此怨言最多。

古人云："政者，正也。子帅以正，孰敢不正？"在改进工作作风、密切联系群众这一问题上，以习近平同志为总书记的党中央做出了很好的表率。从习近平赴河北考察与百姓拉家常以及吃饭时的四菜一汤，到赴武汉考察卷起裤腿踩积水，一言一行、一点一滴，都是率先垂范，以身作则，带头转变作风的生动体现。

要破"城"、破"门"、破"墙"，就需要党员干部加强党性修养。尤其是在各方面条件大有改善的时代背景下，党员干部更要不断加强学习，树立群众观念，深刻领会党的全心全意为人民服务的宗旨，深入贯彻执行党中央关于改进工作作风、密切联系群众的八项规定，想群众所想，急群众所急，把群众真正放在心上，真心实意地对待群众，给予群众亲人般的关怀，唯有如此，才能打破横亘在干部与群众之间的那堵厚厚的"墙"。

要破"城"、破"门"、破"墙"，就需要走进群众、请进群众。一方面，党员干部要走出去，不能指望坐在办公室听汇报、看资料就能做好工作。要走出办公室，到基层看一看、查一查、问一问，到群众中去察民情、听民声、解民困，及时掌握基层和群众的真实情况。另一方面，党员干部还要善于"请进来"，也就是将群众请进办公室，多向群众介绍党和政府的工作，多让群众了解党和政府的难处，制定政策时多征求和听取群众的意见和建议。这样，党员干部和基层群众的双向交流多了，彼此才能相互了解，相互体谅，相互替对方着想，党群、干群之间的误会、误解与隔阂自然也就慢慢消解掉了。

"纸上得来终觉浅，绝知此事要躬行。"转变工作作风，不仅需要在思想上充分认识到密切联系群众的重要性，更需要每个党员干部亲自去做，去实践。只有在全党大兴践行党的群众路线之风，党员干部和群众之间的"围城"、"玻璃门"和"无形的墙"才会"土崩瓦解"。

要切实执行组织纪律，不能搞特殊、有例外，各级党组织要敢抓敢管，使纪律真正成为带电的高压线。

——2014 年 1 月 14 日，习近平在十八届中央纪委三次全会上的讲话

带电的高压线

——切实执行和严格维护组织纪律

高压线，本是一个科技词汇，通常指输送 10 千伏以上电压的输电线路。在高压线带电的情况下，触碰高压线可致人死亡。习近平把纪律比喻成高压线，旨在说明必须严格执行和维护党的纪律，触犯党的纪律就必须受到严厉的惩罚。这对当前党的建设有很强的现实针对性，对维护党的纯洁性和先进性具有重要的指导意义。

纪律是为维护集体利益并保证工作顺利进行而要求组织成员必须遵守的规章制度。纪律作为行为规则，伴随着人类社会的产生而产生，具有强制性的突出特点。古人云："千人同心，则得千人之力；万人异心，则无一人之用。"意思是说，一千个人同心协力，就可以发挥千人整体的力量；一万个人各自为战，连一个人的作用都起不到。这些话形象地说明了统一的行为准则对于一个组织的重要意义，一定意义上决定着组织的生死存亡。

在现代社会，纪律的作用更加突出，一个社会团体或组织的成败，往往与其纪律的好坏及执行情况密切相关。执政党铁的纪律，不仅能促使其健康发展，还能帮助其化险为夷。反之，纪律涣散、执纪不严会给执政党的发展造成难以估量的严重后果。

中国共产党有着较为完备的组织纪律和规章制度，纪律严明是中国共产党取得革命胜利的法宝之一，也是中国共产党不断发展壮大，并领导中国人民不断取得改革开放和社会主义建设事业伟大成就的根本保障。可以说，党的纪律就是当代中国不断向前发展的"重要根基"。

然而，现实中，党的纪律得不到有效贯彻执行的情况也广受诟病，不正之风，甚至是腐败行为的产生，都是违背党的纪律的表现，不仅有损党的威望，也削弱了党的执政基础，侵蚀了党的执政能力和中国社会向前发展的动力。"处处高压线，处处不带电"，这句坊间流行的顺口溜，道出了人民群众对一些地区和部门执纪不严，甚至纪律形同虚设的问题强烈不满。此前，针对党员特别是领导干部的各类纪律规定不可谓不多，但很多时候，一些地区和部门对党员领导干部违纪违规行为的处理却失之于松、失之于软，使党的纪律规定成了"不带电的高压线"，其应有的约束与震慑作用自然也就难以发挥。

由此可见，要使党的纪律真正成为"带电的高压线"，需要做的工作很多，但最重要的，是要在纪律的执行上下工夫，敢于、善于向一切违反党的纪律行为"亮剑"。再好的纪律、再完备的纪律，如果没有严厉的执行，也很难发挥其应有的作用和效力。

党的纪律是硬约束，是高压线，任何人都不得违反。要在执纪监督、违纪查处、守纪教育上下工夫。对视纪律如无物、我行我素、恣意妄为的人，必须旗帜鲜明、毫不留情地坚决打击；对破坏党组织纪律的行为要铁面执纪，决不能和稀泥、做聋子、当瞎子；对各类违反党的纪律的行为，做到及时发现、及时提醒、及时制止，不让小毛病变成大问题，让党的纪律真正成为"带电的高压线"。

反腐败高压态势必须继续保持，坚持以零容忍态度惩治腐败。对腐败分子，发现一个就要坚决查处一个。要抓早抓小，有病就马上治，发现问题就及时处理，不能养痈遗患。

——2014 年 1 月 14 日，习近平在十八届中央纪委三次全会上的讲话

抓早抓小，有病马上治

——惩治腐败，发现问题要及时处理

在中国老百姓的语汇里，"抓早抓小，有病马上治"是常见的。比如，中国的父母讲到孩子教育问题时，总是强调要"抓早抓小"，打好基础；医生在做科普讲座时也会强调"有病马上治"，不要小病拖延成大病，贻误治疗时机。"养痈遗患"则是一个成语典故，原意为留着毒疮不去医治，就会成为后患，寓意对坏人、坏事的姑息纵容，会带来更加严重的后果。

习近平借用"抓早抓小，有病马上治"、"不能养痈遗患"这样的形象话语和成语典故，旨在说明在反腐败这一重大政治任务上，必须提前介入，尽早干预，把工作做在前面，防微杜渐，把腐败扼杀在萌芽状态。

古人云，"千里之堤溃于蚁穴。"意思是说，千里长的大堤往往因为小小的蚂蚁洞穴而崩溃。腐败问题也是这个道理。腐败行为的发生也有一个从量变到质变的过程，都是从小腐败慢慢演变为大腐败的。就其中多数人而言，在发生问题之初，倘若有人给以提醒警告，就不会"一条胡同走到黑"。在腐败分子的蜕变过程中，他们的理想信念之堤是一步步、一点点被击破的。就此而言，在反腐倡廉这一重大任务上，"抓早抓小"就很重要了。及早打牢理想信念之堤，及早修补受损堤坝上的"痈"，及早解决小问题、小毛病，就能防止腐败现象的发生、恶化和蔓延。

"抓早抓小，有病就马上治"、"不能养痈遗患"体现了新时期中国共产党在反腐倡廉工作上惩防并举的新思想，反映了中国共产党对反腐倡廉规律认识的不断深化。一方面，对于腐败分子当然是要"零容忍"，触犯法律必须受到严厉的制裁，"发现一个就要坚决查处一个"，让腐败分子声名扫地，付出沉重代价。这一点是坚定不移的。另一方面，还要建立有效的预防腐败的机制，关口前移，积极预防，惩防并举。这一点同样重要。

"抓早抓小，有病就马上治"需要有制度的保障。一方面，要加强法律、法规和制度建设，堵塞制度漏洞，强化依法行政、依制度办事，不给腐败分子以可乘之机；另一方面，还需要加强对权力尤其是领导干部权力的监督。绝对的权力导致绝对的腐败，权力如果得不到监督，法规制度就等于一纸空文，必然带来腐败的产生和蔓延。同时，还要加强对党员干部，尤其是领导干部的廉洁教育，促使他们树立起正确的世界观、人生观、价值观，树立起正确的权力观、地位观、利益观和政绩观，提高自我修养和辨别是非的能力，增强自律意识，夯实拒腐防变的思想基础。

古人云："勿以善小而不为，勿以恶小而为之。"这句古语，党员干部，尤其是领导干部一定要牢牢记住！

要通过建立长效机制，提高办事效率。为民服务不能一阵风，虎头蛇尾，不能搞形式主义。

——2014 年 3 月 17 日，习近平在视察河南省兰考县焦裕禄民心热线时的讲话

为民服务不能一阵风

——为民服务需要有实际效果和长效机制

现代汉语里，常用"一阵风"来比喻事情转瞬即逝，来得快，去得也快，不能长久。习近平借用"一阵风"打比方，旨在希望政府的便民服务举措不要像"一阵风"似的，来得快，去得也快，而是应在建立长效机制的基础上取得实际效果。

许多地方政府和权力部门的门口，都立有毛泽东书写的"为人民服务"五个大字。然而，现实中，为民服务存在着"异化"的危险。比如，在一些地方和部门，为了装点门面，就搞出一些无关痛痒的所谓为民服务工程，像修剪"盆景"一样包装打造，好看而不实用，无法解决群众的实际问题，如此一来，为民服务被异化为政府的"形象工程"。还比如，一些地区和部门领导，为了向上级展示自己的能力和政绩，拍脑袋搞出一些所谓的为民服务项目，但其心思却并不真在为民、便民上，他们是"为政绩"而瞎折腾，如此一来，为民服务被异化为官员的"政绩工程"。再比如，一些领导干部特别喜欢"作秀"，喜欢做表面文章、摆花架子，在他们看来，打为民服务的招牌，是最安全的"作秀"方式，如此一来，为民服务便异化为个人的"秀场"。上述这些被异化了的为民服务，其结果必然是"一阵风"：一开始领导高度重视，上下动员，轰轰烈烈，媒体高度聚焦，领导频频露面指示；过不了多久，"为民服务"人员不再热情，"为民服务"措施成为摆设，"为民服务"机构逐渐冷清，曾经轰轰烈烈的"为民服务"项目无疾而终，不了了之。

"一阵风"的为民服务，其危害是巨大的。一方面，它浪费了大量的社会资源，包括物质资源、人力资源、行政资源等，大大增加了公共管理成本；另一方面，也是更重要的，它严重损害了党和政府的形象和公信力，让广大群众对党和政府伤心失望。这种社会心理的负面效应还会殃及本来是真正为民服务的举措，使真正的为民服务举措受到民众质疑，难以推进，从而加剧公共治理的难度。

做好事不难，难在一直做好事。要防止"一阵风"为民服务现象的发生，让为民服务真正取得实效，就要在建立长效机制上下工夫。一是要建立科学的业绩评价考核机制，科学评价领导干部政绩，不给投机取巧者机会；二是建立问责机制，加大对为民服务"一阵风"相关部门和领导干部的惩罚力度，形成不搞"一阵风"的公共行政氛围；三是科学制定为民服务政策，在广泛调查研究的基础上，科学制定政策措施，把群众所思所盼、所愿所需的事情研究透、办扎实、建规章、立制度，并长期坚持下去。

俗话说："人在做，天在看。"就为民服务而言，这个"天"就是指人民群众。特别是在信息、网络高度发达的今天，老百姓更是每时每刻每处都在看着你！毛泽东曾说："我们共产党人好比种子，人民好比土地。我们到了一个地方，就要同那里的人民结合起来，在人民中间生根、开花。"每一个党员干部，特别是领导干部，必须时刻牢记全心全意为人民服务的宗旨，牢记习近平"为民服务不能一阵风，虎头蛇尾，不能搞形式主义"的告诫，以"踏石留印，抓铁有痕"的实干精神，以为民务实清廉的实际行动，不断为人民群众办实事、干好事，为中华民族伟大复兴不断凝聚正能量。

"政贵有恒。"为官一方，为政一时，既要大胆开展工作，锐意进取，又要保持大局稳定和工作连续性。看准了的要及时调整和完善，但不要换一届领导就兜底翻，更不要为了显示所谓政绩而去另搞一套，真正能做到一张好的蓝图一干到底，不折腾，不反复，切实干出成效来。

——2012 年 12 月 15 日，习近平在中央经济工作会议上的讲话

不要换一届领导就"兜底翻"

——保持大局稳定性和工作连续性

"兜底翻"原本指为找东西将兜底翻过来,现代汉语里常用来指彻底推翻原有的计划、方案、供词等。习近平借用"兜底翻"一词,暗喻一些地方和部门的不良施政现象,个别地方政府新一届领导把否定前一届领导施政方案作为创新。

"兜底翻"施政在一些地方和部门是极严重的现象。新的领导上台,为了显示自己的与众不同和个人能力,在不经过科学严密的调查研究和论证的情况下,一声令下,更改上一任的施政方案,美其名曰"改革"或"创新",实则为折腾。

这种"兜底翻"式的"折腾",在城市发展建设上表现得尤为明显。比如栽种城市景观树,上一任领导指示栽种法国梧桐,下一任领导指示要换成女贞,再下一任领导又指示换成香樟。十多年过去了,城市景观大道上栽种的还是新树苗。再比如城市发展规划,上一任领导主政时城市往东发展,下一任领导来了又有新思路,城市改往南发展,美好蓝图正在实施中,再下一任领导来了,又转变了发展思路,城市改往西发展。十几年过去了,城市定位一改再改,整个城市像"摊大饼"似的向四周扩展,到处都是半截子工程,造成极大的浪费，且严重阻碍城市发展。

"兜底翻"施政行为的危害是极其巨大的，不仅会造成国家资源包括人力、物力、财力等的严重浪费，而且有害于建设事业本身的发展，同时还损害了党和政府的公信力，损害了老百姓的实际利益。事实上，"兜底翻"施政行为所带来的不良后果，也是老百姓埋怨声最大、意见最集中的地方之一。

造成"兜底翻"施政现象的原因是多方面的，究其根本，存在于两方面：第一，是领导干部异化了的政绩观在作祟。一些领导干部工作浮于表面，对形象工程、政绩工程乐此不疲，对改革发展中的真问题却视而不见。于是，标新立异的"折腾"多了，迎难而上的真改革少了；不愿意做长远规划，不甘心给后任"做嫁衣"，只注重早出政绩，快见成效。第二，就是一把手的权力缺乏制约。本该严格执行的民主集中制流于形式，"一个人说了算"，从而造成一把手盲目决策，凌驾于集体之上。从媒体披露的情况来看，很多"兜底翻"都是一把手强行推动的结果。

"政贵有恒。"解决施政"兜底翻"的问题，需要领导干部树立正确的政绩观。如习近平所言，要有"功成不必在我"的精神，要有"钉钉子"的精神。钉钉子往往不是一锤子就能钉好的，而是要一锤一锤不断地敲，直到把钉子钉实钉牢。要多做打基础、利长远的事，不搞脱离实际的盲目攀比和政绩工程，不媚上，不欺下，真正做到对历史和人民负责。在这方面，我们也有很好的历史经验，比如我们的"五年规划"发展路径就很成功，要善于把历史沉淀下来的好的做法和优势发挥出来。

解决施政"兜底翻"的问题，还需要从根本上完善领导干部政绩考核评价体系，改变干部业绩评价的单一标准，注重从"打基础、利长远"的工作上，从民生问题的筹划与解决上，从老百姓的口碑上考察领导干部的品质、胸襟与能力。更需要完善干部的培养、选拔和任用机制，促使领导干部真正做到"科学执政、民主执政、依法执政"，不断压缩"兜底翻"的空间。

我们要有"钉钉子"精神。钉钉子不是一锤子就能钉好的，往往是要一锤一锤接着敲，直到把钉子钉实钉牢，钉牢一颗再钉下一颗，连续不断地解决各种问题，必然大有成效。

——2013年2月28日，习近平在十八届二中全会上的讲话

发扬"钉钉子精神"

——把群众工作做实、做深、做细

    钉钉子是我们日常生活中的常见行为，现常比喻做事认真，坚持到底，有始有终。在论述转变工作作风时，习近平曾多次提到要发扬"钉钉子"精神。他用"钉钉子"打比方，旨在强调各级领导机关和领导干部，做工作、干事业要勤勉认真，坚持到底，善始善终；要有"一张蓝图干到底"的决心和耐心，不能虎头蛇尾，朝三暮四，半途而废，有始无终。

    作风问题是执政党的一个大问题，关系到党和国家事业的成败，关系到党在人民群众中的形象。党的作风好不好，党的形象好不好，往往取决于党员领导干部的作风好不好。作风好，党的凝聚力、号召力、战斗力就会显著增强；反之，就会减弱。干事业、做工作缺乏"钉钉子"精神，就是作风不好的典型表现。

    领导机关和领导干部缺乏"钉钉子"精神，表现多种多样。一是工作浮于表面，不深入一线搞调查研究，懒于深入基层了解社情民意，遇到尖锐问题和深层次矛盾就绕道走。工作避重就轻，蜻蜓点水，敷衍应付，流于形式，以文件落实工作，以会议落实文件，高举榔头，轻轻放下，群众对此反映强烈。二是有的领导机关和干部做工作喜欢"一阵风",喜欢搞"运动",虎头蛇尾,有始无终,缺乏"一张蓝图干到底"的决心和耐心,"一锤子买卖"的结果是干成的事情没有几件,半截子工程却比比皆是。这些作风问题,在本质上是官僚主义、形式主义,是错误"政绩观"的典型表现。

毛泽东曾说过,"世界上怕就怕'认真'二字,共产党就最讲'认真'。"做事认真、脚踏实地、艰苦奋斗、实事求是、发扬"愚公移山"精神,这些历史沉淀下来的优良传统,是中国共产党领导中国人民取得革命胜利和社会主义建设伟大成就的重要经验。发扬"钉钉子"精神,是在新的历史时期对党的优良传统的继承和发展。当前,号召各级领导机关和领导干部发扬"钉钉子"精神,对于坚决贯彻落实党中央关于全面深化改革的战略决策部署,对于实现中华民族的伟大复兴,有着十分重要的现实意义。

发扬"钉钉子"精神,首先要有决心和耐心。很多时候,"钉钉子"不是一锤子就能钉牢靠的,而是需要一锤接一锤、反复多次钉才能钉得牢、钉得实。没有一锤接一锤、反复多次钉的决心和耐心,不仅钉子钉不牢,而且会造成残次品,危害甚大。

发扬"钉钉子"精神,不能只看表面牢靠,不能只钉半截。半截钉子看上去无妨,关键时刻却扛不住,经不起考验。因此,钉钉子必须钉到底,唯有如此,才能经得起历史和人民的检验。

发扬"钉钉子"精神,还需要科学地钉,既不能使蛮力、用蛮劲把钉子钉坏了,也不能盲目钉把钉子钉歪了。现实工作中,要深刻把握党中央全面深化改革的精神实质,既要有坚决贯彻、不折不扣落实好中央精神的态度和决心,又要有结合实际、创造性开展工作的智慧和方法。钉子一锤一锤地钉，直至钉牢钉实；工作一件一件地落实，直至推动发展，群众满意。

发扬"钉钉子"精神，根本在坚持。"钉钉子"精神，是一贯的、持之以恒的要求，只有进行时，没有完成时。

俗文俚语篇

我们主张，各国和各国人民应该共同享受尊严。要坚持国家不分大小、强弱、贫富一律平等，尊重各国人民自主选择发展道路的权利，反对干涉别国内政，维护国际公平正义。"鞋子合不合脚，自己穿了才知道。"一个国家的发展道路合不合适，只有这个国家的人民才最有发言权。

——2013 年 3 月 23 日，习近平在莫斯科国际关系学院的演讲

鞋子合不合脚，自己穿了才知道

——坚定道路自信、理论自信和制度自信

"鞋子合不合脚，自己穿了才知道。"这句俗语是老百姓从实际生活中总结出来的关于鞋子与脚的匹配问题的经验。鞋子偏大，穿上去会晃荡，走起路来很不方便；鞋子偏小，就会夹脚，把脚挤得难受，让人疼痛难忍，甚至磨出血泡，几天都没法走路。所以说，鞋与脚的匹配非常重要，而鞋子合不合脚，只有穿鞋子的人自己最清楚，也最有发言权。

习近平在国际交往的场合下引用这句俗语，就是要告诉世界，中国的发展有着自己的选择和道路，中国人民是充满智慧的。中国人民自己做出的选择、中国自身走出来的道路，其结果只有中国人民才能做出评判。"鞋子合不合脚，自己穿了才知道。"这句人人都能听懂的朴实话语，揭示了一个国家的发展道路合不合适，只有这个国家的人民才最有发言权的深刻道理。

这句俗语非常符合习近平的语言风格和用语习惯，平实中透出自信，让人听着亲切、听着可信，向世界传递了我们坚持中国特色社会主义道路的坚定信心。这是新一届中央领导集体对中国特色社会主义道路的坚定与从容，充分体现了我们党对中国特色

社会主义的道路自信、理论自信和制度自信，向世界传递出了坚定的中华声音。

鸦片战争后，中国沦为一个半殖民地半封建社会，许多仁人志士为了祖国的繁荣富强，尝试了各种途径探索中国的发展道路，最终我们找到了中国共产党领导的、建设中国特色社会主义这条康庄大道。特别是中共十一届三中全会以来，中国坚持大力推进改革开放，中国经济建设取得了举世瞩目的巨大成就。1979 年到 2014 年的 35 年间，年均经济增长率为 9.8%，中国人民的生活水平不断提高。正是这种发展实践，使中国人民深刻体会到，中国特色社会主义道路是国家富强、人民富裕的必经之路，是实现中华民族伟大复兴的必经之路。坚持走中国特色社会主义道路，是中国人民对中国历史实践的总结，也是对中国未来发展方向的坚定承诺。这是一条符合中国国情、顺应时代要求、受到人民拥护的道路，这条道路经得起历史检验，是中国共产党的选择，也是全体中国人民的共同选择。

实践是检验真理的唯一标准。毛泽东在《新民主主义论》中说过："真理只有一个，而究竟谁发现了真理，不依靠主观的夸张，而依靠客观的实践。只有千百万人民的革命实践，才是检验真理的尺度。"

各国都有自己的历史和文化背景，适合自己的才是最好的。"鞋子合不合脚，自己穿了才知道。"站在旁边的人，对别人脚上的鞋子当然也可以评论，但那只是旁观者的感觉。我们不去评说别国的"鞋子"好不好穿，也希望别人不要来恣意评价我们的"鞋子"合不合脚。十八大已经明确了我国将坚定不移地走中国特色社会主义道路，这就需要我们进一步解放思想、深化改革、凝聚力量、攻坚克难。诚然，在中国发展的过程中，还有很多的困难要克服，因此，我们必须凝聚全党和全国人民的智慧，为我国未来的改革发展制定非常清晰的政策框架以及时间表和路线图，穿着适合我们自身的鞋踏踏实实走好中国自己的道路。

有句话说得好，没有比人更高的山，没有比脚更长的路。再高的山、再长的路，只要我们锲而不舍前进，就有达到目的的那一天。

——2013 年 10 月 7 日，习近平在亚太经合组织工商领导人峰会上的演讲

没有比人更高的山，没有比脚更长的路

——锲而不舍地继续推进改革

"没有比人更高的山，没有比脚更长的路"，这是中国当代诗人汪国真的现代诗《山高路远》中的两句。诗歌所包含的寓意是：困难之山再高，奋进者的双脚都能将它攀登；人生之路再长，追求者的脚步都能将它丈量。习近平在印度尼西亚出席亚太经合组织工商领导人峰会上的演讲中，引用这一诗句，旨在向世界表达中国通过全面深化改革为经济发展增添新动力的决心。

当习近平以坚定的语气，向世界说出"没有比人更高的山，没有比脚更长的路"的时候，正是中国经济进入新的发展阶段，正在进行深刻的经济发展方式转变和结构调整的关键时刻，这必然伴随调整的阵痛、成长的烦恼，因而需要爬坡过坎、攻坚克难的决心。

改革是一场深刻的革命，涉及重大利益关系调整，涉及各方面体制、机制完善。但唯其艰难，才更需勇毅；唯其笃行，才弥足珍贵。现实问题的复杂与艰巨，要求今天的改革者更自觉地把摸着石头过河和加强顶层设计结合起来，以制度创新撬动改革大局，用制度活力推动改革进程。中国已经制定全面深化改革的总体方案，统筹推进经济、政治、文化、社会和生态文明建设等领域的改革，努力破解发展中出现的难题。

敢于对世界作出如此承诺，充分展现了中国领导人和中国人民坚韧不拔的勇气和坚定不移的决心。唯有自信的人，才会有执著于自己所选择道路的勇气，才会有"愚公移山"的精神，才会在面对无数困难和挑战时，绝不选择逃避，而是选择坚守。

1992 年，邓小平曾在"南方谈话"中表达他的畅想：恐怕再有三十年的时间，我们才会在各方面形成一整套更加成熟、更加定型的制度。党的十八大也提出，构建系统完备、科学规范、运行有效的制度体系，使各方面更加成熟，更加定型。回首三十多年的风雨历程，从思想观念的破冰到利益格局的重塑，再到发展方式的转变、制度文明的涵养，改革之路从无坦途。中国前进的每一步，无不得益于迎难而上，无不功成于化危为机。"世上无难事，只要肯登攀。"巴厘岛坚定的中国声音，再次传递这样的信念：再高的山、再长的路，只要我们锲而不舍前进，就有实现目标的那一天。

中共十八届三中全会吹响了全面深化改革新的号角。开弓没有回头箭，我们要坚定不移实现改革目标。

——2013 年 12 月 31 日，习近平在全国政协新年茶话会上的讲话

开弓没有回头箭

——坚定不移地实现改革目标

"开弓没有回头箭",意谓拉开弓就要把箭射出去。引申为有些事情既然已经开始着手做了,就已经没有回头的余地了。习近平在 2014 年新年前夕的讲话中,特意用这句俗语来比喻改革,其意在表达坚定不移地实现中共十八届三中全会确定的全面深化改革目标的决心。

1978 年 12 月,中共十一届三中全会做出了改革开放的伟大决策,重新确立了实事求是的思想路线,抛弃了"以阶级斗争为纲"的政治路线,把全党工作的重心转移到社会主义现代化建设上来。中国特色社会主义道路由此逐渐形成。36 年来,中国人民顺应改革开放的潮流,沿着这条道路,取得了举世瞩目的成就。

从十一届三中全会到十八届三中全会,中国的改革开放政策从制定到坚持,一路走来并非一帆风顺。但是无论发生怎样的变化,面对怎样的挑战,"对内改革,对外开放"的基本国策,始终一贯地坚持了下来。1992 年初,邓小平在"南方谈话"中,曾掷地有声地说:"不坚持社会主义,不改革开放,不发展经济,不改善人民生活,只能是死路一条。"

中国改革的步伐一刻也没有停歇，也不能停歇。当前，改革所面临的问题将会更加复杂，形象地说，就是"好啃的肉都已经吃光了，接下来就是要啃硬骨头了"，改革已然进入攻坚阶段。2013年两会上，习近平在参加他所在的上海代表团审议时就强调："我国改革已经进入攻坚期和深水区。要敢于啃硬骨头，敢于涉险滩，更加尊重市场规律，更好发挥政府作用，以开放的最大优势谋求更大发展空间。"

实践发展永无止境，解放思想永无止境，改革开放也永无止境，停顿和倒退没有出路，改革开放只有进行时，没有完成时。我们面临的矛盾和挑战表明，改革一刻不能迟缓，更加不能停滞。我们已处于"开弓没有回头箭"的境地，只有冲破思想观念的束缚，突破利益固化的藩篱，一往无前地将改革推向前进，才能破解发展难题，化解风险挑战；才能形成公平竞争的发展环境，增强经济社会发展活力；才能构建系统完备、科学规范、运行有效的制度体系和国家治理体系，提高政府效率和效能；才能实现社会公平正义，促进社会和谐稳定；才能提高党的领导水平和执政能力。

历史已经证明，中国自从走上改革之路，便改变了面貌，焕发了青春，增强了活力，无论是国内的社会稳定，还是国际上话语权不断增强，处处体现出改革开放给中国和中国人民带来的巨大变化。"开弓没有回头箭"，就是继续推进改革的号角，它更加直白地向世界表明了中国深化改革的决心：既然认准了适合自身的发展道路，那就必须毫不动摇、更加自信地走下去。

小康不小康，关键看老乡。一定要看到，农业还是"四化同步"的短腿，农村还是全面建成小康社会的短板。

——2013 年 12 月 23 日至 24 日，习近平在中央农村工作会议上的讲话

小康不小康，关键看老乡

——大力促进农民增加收入

"小康"一词，曾在《晋书·孙楚传》中有载："山陵既固，中夏小康。"它体现的是中国儒家理想中政教清明、人民富裕安乐的社会局面，后多指境内安宁、社会经济情况较好的社会。今天我们经常提到"小康"，主要是指中国社会经济发展在特定时期所要达到的目标。

改革开放之初，我国的人均 GDP 仅 200 美元左右，大大低于国际上通行的贫困线。邓小平在设计中国现代化发展战略目标和步骤时，从中国人口多、底子薄的实际出发，调整了在 20 世纪末实现"四个现代化"的目标，表示届时只能实现"小康"的标准。以后，他又进一步提出了"三步走"的发展战略，即 20 世纪 80 年代经济总量翻一番，解决老百姓的温饱问题；20 世纪 90 年代再翻一番，人均 GDP 达到 800 美元至 1 000 美元，总体上达到小康的水平；到 21 世纪的前 30 年至 50 年，再翻两番，达到中等发达国家的水平，基本实现现代化。从此，"小康社会"就成为老百姓最为熟悉的话语，它指的是全体中国人民所享有的介于温饱和富裕之间的比较殷实的生活状态。时间飞逝，白驹过隙，邓小平设计的目标和步骤，前两步如期实现。但 2000 年我们所实现的"小康",主要是就人均 GDP 达到或接近于 1 000 美元来说的,它只是低水平的、不全面的"小康社会"。于是,党把在 21 世纪前 20 年全面建成小康社会,作为近期的战略任务。21 世纪头十年,我国的人均 GDP 已经突破 4 000 美元,提前实现了邓小平提出的第三步的经济指标。但是,在经济增长过程中,出现了经济社会发展不协调、收入分配差距扩大等问题,制约着全面建成小康社会这一目标的实现。

习近平引用"小康不小康,关键看老乡"这句俗语,既有对邓小平"三步走"战略思想的历史继承性,又有很强的现实针对性,包含着丰富的内涵。也就是说,我们看"小康",不仅要看经济总量,而且要看生活质量;不仅要看"做大蛋糕",而且要看"分好蛋糕";不仅要看平均数,还要看大多数。这表达了党对"小康社会"认识的深化。

当我们的国家逐步实现邓小平当年的伟大设想"允许一部分人先富起来,先富带动后富,最终达到共同富裕"的时候,当我们看到身边出现越来越多的富裕人群的时候,我们当然应该为这些举世瞩目的经济建设成就欢欣鼓舞。但是,切莫忘记先富的目的是要带动后富,最终的目标是要惠及全民,是要共同富裕。于是,我们就不能在目前经济建设的成绩面前止步,而是要更加坚定地走下去,将共同富裕的思路贯彻落实下去。

"小康不小康,关键看老乡",这里"老乡"才是关键,"老乡"就是广大的农村人口。在革命战争年代,中国共产党正是依靠着老乡的支持,才一步一个脚印地实践着救国图存、建国富强的革命事业。

著名的淮海战役，就是老乡们用手推车推出来的胜利！在目前的中国，城市的发展非常快，这自然令人欣喜，但是更多关注的目光必须要转向不发达或欠发达的地区，特别是农村。一个国家的发展应该是平衡的发展，应该是惠及全民的发展。中国的人口结构中，农村人口仍然占绝大多数，从某种意义上说，只有农村人口富裕了，中国才能真正走向富强。

习近平曾经在农村基层当过支部书记，非常了解中国农村的情况，在他心里一直装着农民和农村的问题。无论是科技兴农，还是农村城镇化，都是为了让农村里的老乡得到实惠。只有老乡们都过上小康的日子，才算是全面建成小康社会！

食品安全源头在农产品，基础在农业，必须正本清源，首先把农产品质量抓好。要把农产品质量安全作为转变农业发展方式、加快现代农业建设的关键环节，用最严谨的标准、最严格的监管、最严厉的处罚、最严肃的问责，确保广大人民群众"舌尖上的安全"。

——2013 年 12 月 23 日至 24 日，习近平在中央农村工作会议上的讲话

舌尖上的安全

——全力以赴保障食品安全

俗话说"民以食为天"，此语出自《汉书·郦食其传》："王者以民为天，而民以食为天。"意指人民以粮食为自己生活所系，说明了民食的重要。而"食以安为先"，则在近年来为世人所关注，直指食品安全问题，强调食品必须以安全为前提。习近平在中央农村工作会议上发表上述讲话，意在表达国家对于食品安全问题的高度重视，并以"舌尖上的安全"这个形象的说法，来直面食品安全这个重大社会问题。

2014年7月，媒体曝光了上海福喜公司使用过期原料的事件，原本"安全无虞"的肯德基、麦当劳等"洋快餐"也让人担忧起来。现在，食品制造和加工多样化，食品安全风险无处不在，使得食品安全问题成为社会的突出问题。有关食品安全的事件不断出现，一次又一次拷问着生产者的良知，也一次又一次冲击着消费者对食品安全的信任。

中国是农业大国，在历史上也是一个农业强国，很早的时候，中国的先民们就学会了种植庄稼、饲养牲畜，学会了从自然界中获取和培育供人们享用的美味佳肴。就知名的菜系而言，就有川、鲁、粤、淮扬等四大菜系，清朝时的所谓"满汉全席"，更是令中国菜声名鹊起。近年来风靡华夏的电视纪录片《舌尖上的中国》，让中华美食文化显得更加"高大上"起来。

食品是让人果腹的，但是如果不安全，甚至有毒有害，再美味，也是万万不能下肚的。出现食品安全问题的部分原因在于生产者的无良和"无畏"。那些一味追求经济利益，而将做人的基本原则践踏得体无完肤的食品生产者，竟然丧尽天良地将一些有毒有害的物质作为添加剂加入食品之中，为的是产品可以长期"保鲜"或者卖相更好；有的以次充好，"废物利用"。凡此种种，都是为了追求一时的经济利益，而被金钱蒙蔽了良知。

但是，出现食品安全恶性事件，更要反思的是制度的缺陷与监管的缺位。食品生产者对生产的规范条例视若儿戏，生产检测者对安全隐患问题爱理不理，执法者又对食品安全问题采取"棒子高高举起却轻轻放下"的做法，导致食品毒瘤难以清除。

食品安全是社会关注的一个热点话题，中央关注这一问题，体现出党和政府把群众需求放在心头的责任感。确保食品安全，是一项长期而艰巨的任务。政府、企业和民众要同心协力、常抓不懈，一方面要提高食品生产者的素养，另一方面要加强监管，严厉打击食品安全违法犯罪，遏制食品安全恶性事件，推动食品安全进步。也唯有如此，我们才能在任何时刻都放心享受舌尖上的美食，确保舌尖上的安全。

基础不牢，地动山摇。社会治理的重心必须落到城乡社区，社区服务和管理能力强了，社区就实了。我们国家的真正稳定，靠我们基层的同志。

——2014 年 3 月 5 日，习近平在参加全国两会上海代表团审议时的讲话

基础不牢，地动山摇

——提高基层服务和管理能力

"千里之行始于足下，万丈高台起于累土。"无论多么浩大的工程，都需要从一点一滴的基础开始做起。比如中国的长城、埃及的金字塔，这些在今人看来不可思议的工程奇迹，对于千百年前的古人，又是何等的不易。然而，人类的先祖就是这样从基础做起，一砖一瓦、一石一木地完成了这些看似不可能完成的任务。

"基础不牢，地动山摇"，此语流传民间良久，语言简练，直截了当，道理却很明白。2009 年 6 月 27 日在上海发生的"楼脆脆"事件，就是活生生的例子，再一次用沉重的教训警示人们基础的重要性。2014 年全国两会期间，习近平参加上海代表团讨论，在听取基层党支部书记代表朱国萍关于基层社区管理工作汇报后的讲话中引用了这一俗语，强调提升基层服务和管理水平的重要性。

在基层工作的党员和管理干部，与群众面对面，是让群众理解党的政策的传播者，是贯彻落实党的方针政策的实践者，更是强本固基的执行者，其形象好坏直接影响党和国家的形象。古人云："民为邦本，本固邦宁。"

基层的党员和管理干部要做好群众工作，就必须解决好感情、立场和利益"三位一体"问题。一是群众感情。要不断增进对人民群众的感情，只有带着对群众深厚的感情开展工作，想群众所想，急群众所急，解群众所困，干群众所盼，才能把基层工作做好。这些年来不断涌现出许多优秀基层工作者，如吴仁宝、杨兆顺、朱国萍等，从这些先进典型和榜样的身上，我们最容易看到：你为群众多添一份温暖，群众就会对你多生一份感情；你为群众多尽一份责任，群众就会对你多生一份信任。二是群众立场。坚持立党为公、执政为民，是开展群众工作必须始终站稳的政治立场。坚持群众观点、走好群众路线，千难万难，做好群众工作就不难。三是群众利益。切实实现好、维护好、发展好人民群众的利益。深化改革，促进发展，保持稳定，都必须以群众利益为重。必须始终把人民群众特别是困难群众的疾苦放在心上，多办实事，多解难事。

"基础不牢，地动山摇"，后一句话则强调基础出了问题后产生的巨大破坏力。2008 年在贵州省发生的"6·28"瓮安事件，就是一次典型的由于基层工作没有到位，甚至缺位，从而酿成的一场本不应当发生的严重打砸抢烧突发事件。事件之后，贵州省省委书记三次向百姓鞠躬道歉，瓮安县委书记、县长和公安局长、政委均被免职。事件发生的根本原因，就是当地在基层工作的少数干部，在某些涉及经济利益方面的问题上，面对群众诉求，想的不是如何帮助群众解决问题，而是随意动用警力，并且作风粗暴、工作方法简单，妄图用强力手段压服群众。这样的工作作风，远离了群众路线的根本宗旨，造成了极坏的影响，如果不及时加以制止，将会动摇党和国家事业的根基。

基层工作需要得到群众的满意认可。"上边千条线，下边一根针。"这根针的行进轨迹，应紧紧围绕为民办实事、解难事、干好事，让群众得到实实在在的"实惠"。群众满不满意、答不答应，是政策制定的出发点和落脚点。每一项政策谋划，都要从实际出发，不但研究其可行性，更要考虑群众的承受力。政策再好，群众承受不了也是"空谈"，如实施不当会遭群众反感、抵制。在抓基层、打基础的实践中，要真抓实干，让"实"字当先。不要只追求立竿见影的大影响、大效应、大手笔，应多点脚踏实地，苦干实干，真正把一件件关系民生的事办实在，办出实效；同时坚决摒弃好大喜功的思想，让群众反映强烈的"面子工程，政绩工程"销声匿迹，让功利主义的投机者没有市场，以打牢社会主义建设事业这座大厦的每一根桩基。

　　基层也是培养干部、锻炼干部的"大平台"，是考核选拔干部的"大考场"。基层党员干部应当紧盯末端抓落实，把对上负责与对下负责统一起来，把当前工作与长远建设统一起来，把群众需求与建设目标统一起来，重实际，说实话，出实招，求实效，坚决反对做表面文章和弄虚作假。在弯下身子实干中锤炼党员干部"情系群众，扎根基层，为民解忧"的思想作风，提高党员干部的综合素质，为未来的发展储备人才。

中国有句谚语，叫做"路遥知马力，日久见人心"。中拉关系的发展历程已经并将继续证明，双方关系发展是开放的发展、包容的发展、合作的发展、共赢的发展。

——2013 年 6 月 5 日，习近平在墨西哥参议院的演讲

路遥知马力，日久见人心

——加强与拉美国家的合作与互信

俗话说："路遥知马力，日久见人心。"此语可考的出处是元代无名氏所作《争报恩》第一折："则愿得姐姐长命富贵，若有些儿好歹，我少不得报答姐姐之恩，可不道路遥知马力，日久见人心。"这句俗语简单明了，大意是说，要想知道马的优劣，需要在长途中验证；要想知道一个人的善恶，需要长期相处。

习近平此时引用该文，其意在表达中国和拉美国家的关系是开放的、包容的、合作的和共赢的，双方需要彼此信任，加强沟通，共谋发展，时间越长，就越会加深彼此的互信。

拉丁美洲，在地理上是与中国相距最远的一块大陆。虽然切·格瓦拉的头像时常出现在中国年轻人的文化衫上，卡斯特罗、查韦斯等人也成了中国人眼中拉美国家反美英雄的代表，贝利、马拉多纳等足球明星更迷倒了几代中国人，但若深究起来，中国人对于拉美国家的了解，特别是民间的交流沟通还远远不够。

20 世纪 60 年代冷战时期，拉美长期被美国视为其自家"后院"，受美国影响较深，因而拉美国家与新中国建立外交关系时间较晚。直到基辛格秘密访华以及中国在联合国恢复合法席位后，拉美国家才开始掀起了与中国的"建交热"。当时很多拉美国家虽然愿意和中国发展关系，但还是要看美国的态度。只要发现美国态度有松动，拉美国家就会加快与中国建交的步伐。目前，中国已经与 21 个拉美国家建立了外交关系。由于历史原因，目前仍与台湾地区保持"邦交"的 20 多个国家中，拉美国家占了近半数。

今天的中拉双方，高层接触较为频繁，双方的经贸交流发展迅速。1979 年，中国与拉美国家的贸易总额只有 10 亿美元；2007 年，突破了 1 000 亿美元大关，中国已成为拉美地区的第三大贸易伙伴；2012 年，中拉双边贸易逆势增长创下 2 612 亿美元新高。

拉美国家普遍地小、人少、国力弱，而且他们长期面对美国的压力，除了有经济发展的愿望，也有独立自主的渴望。习近平用此谚语，明确表达了中国与拉美国家的关系，并非仅着眼于当下，而是有着更长远的战略考量。我们提出的合作发展方式，不是简单的经贸合作，而是从经济到文化、从卫生到体育的全方位、多层次的合作模式，这对于拉美国家来说才是最重要的。

中国和拉美国家同属于发展中国家。双方可以通过多层面的交流沟通，建立互助、互信的机制，为两国人民真正地谋求福祉，这也是"路遥知马力，日久见人心"题中之义。

打铁还需自身硬。我们的责任，就是同全党同志一道，坚持党要管党、从严治党，切实解决自身存在的突出问题，切实改进工作作风，密切联系群众，使我们的党始终成为中国特色社会主义事业的坚强领导核心。

——2012 年 11 月 15 日，习近平在新一届中共中央政治局常委中外记者见面会上的讲话

打铁还需自身硬

——不断加强党的自身建设

俗话说："打铁还需自身硬，绣花要得手绵巧。"意思是说，作为一个铁匠必须"自身硬"，才能打出坚固耐用的铁器。绣花绣得好看，手必须要灵活灵巧。孔子在《论语·子路》中说："其身正，不令而行；其身不正，虽令不从。"意思是说，正人先要正己。自己不正就不能正人，自己不硬就打不出好铁。引申来看，就是无论你做什么事情，首先要明白自己为完成使命和任务必须首先具备何种素质，如果自己的本领不过硬，那么就无法完成既定任务；同时也要有正确的思想和价值观，要有凛然正气。

习近平在新一届政治局常委中外记者见面会上，用这句俗语来回应媒体对中国共产党自身建设问题的关注，充分体现了他对于党的自身建设的高度重视。治国先治党，党要治理好国家，自身"既要硬，也要正"，不断提升自身能力，保持自身的先进性和纯洁性。

中国共产党是执政党，是中国各族人民利益的忠实代表。她带领中华民族从战乱走向和平，从落后走向文明，从封闭走向开放，成为中国特色社会主义事业强大的领导核心。但诚如一个生命个体一样，身处的地位越重要，所承担的责任也越大。此时需要清醒地认识到，一方面，中国共产党执政地位的获得，是历史和人民选择的结果，有历史的"合理性"和现实的"必然性"；另一方面，党的先进性和党的执政地位都不是一劳永逸、一成不变的，过去先进不等于现在先进，现在先进不等于永远先进，过去拥有不等于现在拥有，现在拥有不等于永远拥有。中国共产党要保持其先进性以巩固执政地位，就需要居安思危，防患于未然，时刻保持谦虚谨慎、戒骄戒躁的精神状态，不断提高自己的执政水平和执政能力。

碉堡最容易从内部被攻破，内因是事物发展变化的根据。东欧剧变，苏联解体，一些国家执政的共产党丧失了执政地位，甚至消亡，就是因为他们忽略了自身建设，未能保持自身的纯洁性，未能与时俱进，在人民群众那里失去了普遍信任，丧失了主导国家发展建设的权力。这些亡党亡国的历史教训，很值得中国共产党汲取。目前让我们痛心的是在党的领导干部中，有些人自高自大，对群众颐指气使；有些人精神空虚，认为共产主义是虚无缥缈的幻想；有些人把人民赋予的权力，变为自己谋取私利的工具，在金钱和名誉面前，经不起考验，让自己成了软骨头。这不光让人民群众感到失望，也直接损害了党的形象。作为执政党的中国共产党，如果不重视这些问题，不加以严惩，便会动摇党的根基。

一个政党必须时刻保持对局势的清醒认识，加强与人民群众的血肉联系，自觉增强免疫力，大力控制和消除随着自身权力扩大、地位提高而带来的腐败危险。中国共产党人必须清醒地认清所面临的形势，将自己置于社会和人民之中，自觉接受社会和群众的监督，自我加压，不断适应，不断前进。同时，要让自身能力不断得到夯实和提高，以适应新形势，迎接新挑战，解决新问题。

这些年，一些单位包括有的领导机关，讲面子不讲规矩，讲关系不讲原则，遇到矛盾绕道走，问题摆着拖着长期得不到解决，门难进、脸难看、事难办，使一些规定变成了"稻草人"，摆在那里没有用，群众反应很大。

——2013 年 7 月 12 日，习近平在河北省主持召开座谈会时的讲话

门难进、脸难看、事难办

——决不能让群众为难

　　到机关单位办事，很多人都遭遇过"门难进、脸难看、事难办"的尴尬。正常业务拖延不办，简单事情复杂化，无非是想把麻烦远远踢开，把轻松自在留给自己。遇到需要多单位互相协调的问题，单位之间要么互相踢皮球，要么都等着对方先发球，最后苦的是老百姓。于是，老百姓把对政府公务部门、社会事业服务机构普遍的不满，通俗地表达为"门难进、脸难看、事难办"。

　　群众进门前先接受几道盘查，处处遇到"闲杂人等不得入内"的阻碍，这叫"门难进"；有群众来办事了，工作人员也不问问有什么事，认为是添了他们麻烦，先是劈头盖脸一顿呵责，这叫"脸难看"；群众跑了许多部门，办了若干手续，却还是遭遇部门之间相互推诿的"踢皮球"，无法把事情办成，这叫"事难办"。习近平引用这句老百姓的语言，表达了对有些单位特别是领导机关官僚主义作风的愤慨。

　　"门难进、脸难看、事难办"，表面上看似一些办事人员素质及业务能力的问题，究其背后深层次原因，其实是官僚主义在作祟。

2013 年 10 月 11 日，中央电视台《焦点访谈》节目曝光了一起案例。小周家在外地，现在北京工作，因公司要派他出国，需要办因私护照。由于他在北京缴纳社保不足一年，按规定他必须回户口所在地办理。按说现在办因私护照也不是什么难事，可小周往返距离北京 300 多公里的河北省武邑县六次，跑了大半年却一直没有办下来。每次去都还要看办事人员的脸色，这让他想想都发怵。看看他一共补办了多少证明材料：① 无犯罪证明；② 公司在职证明；③ 公司营业执照；④ 公司外派人员资格证明；⑤ 本地身份证。就是这五份材料，让他多跑了 3 000 多公里。而公安部网站上明确规定，像小周这样的普通公民办理因私护照，只需要提供本人身份证、户口本及复印件、本人证件照就行了。显而易见，上述那些办事人员让他补办的证明，除本地身份证，其他的依法都不需要。这种"官老爷"的作风真是折腾人，让办事的群众伤心劳神。和巨贪的"大老虎"相比，这些看似是小事一桩。可恰恰是这些数不清的一桩桩小事严重损害了党在广大民众心目中的形象。

从某种程度上说，办事人员的作风就是当地政府和官员作风的一面镜子。政府部门开门办公，不能总是预设群众是带着"麻烦"上门，而忘记了自己的职责所在。

"政府只管大事，不管小事"的理由冠冕堂皇，但对于某些公职人员来说，那些涉及群众利益的"小事"或许才是对其执政能力的真正考验。

习近平对于"门难进、脸难看、事难办"这种现象深恶痛绝。

中共十八大以来全党掀起群众路线教育实践活动，其目的之一就是要刹一刹蔓延党内的官僚主义的歪风邪气。近年来，此举措已取得显著效果，广大民众对此一致称赞。对于依然存在的问题，我们真心希望某些领导干部能够扪心自问：自己是否真正联系好了群众，了解了群众的疾苦，为群众办了实事。

一枝一叶总关情。什么是作秀，什么是真正联系群众，老百姓一眼就看出来了。

——2013 年 7 月 23 日，习近平在主持召开湖北省领导干部座谈会时的讲话

作秀

——对待群众决不能虚情假意

现在流行的几档娱乐节目，如"艾伦秀"、"百变大咖秀"、"80后脱口秀"、"爸爸去哪儿"真人秀，等等，红遍大江南北，广受观众欢迎。由此可见，"秀"是被大家喜欢的。但是在"秀"前面加上一个动词"作"，便有了生硬、刻意和很强的目的性，大家就不喜欢，甚至厌恶了。习近平引用这一俗语，是批判性的，旨在反对弄虚作假和形式主义，提倡领导干部要切实走好群众路线，对待群众决不能虚情假意。

"群众的眼睛是雪亮的"，哪位官员是在不切实际地作秀，哪位官员是在真心实意地联系群众，群众是会直接辨识清楚的。官员作秀，其背后就是邀功请赏的封建残余思想在作祟，其动机无非是希望在政绩上出成绩，以得到提拔的机会。这种虚假、浮夸的官场作风如果得不到制止和扭转，势必会助长虚报、瞒报、造假、制假等社会不良风气，对国家发展建设事业极为不利，严重的会造成官民对立，酿成社会不稳定事件。面对这样的作秀，党和国家的政策一如既往，那就是坚决反对并予以打击，决不允许类似事件影响到党和群众的鱼水之情，动摇到党的群众基础。

"秀"究其本意来说，旨在展示风采、亮明态度、表达情感。"秀"得好，是有利于改善和促进政府与社会的良性互动，增进互信了解、消除隔阂的。但是故弄玄虚的作秀，那是必须坚决反对的，因为它不仅不能起到积极作用，还会加深干群之间的矛盾，让群众反感。

2008 年至 2014 年的六年间，江西省开展了一场声势浩大的造林绿化工程，耗资数百亿元。江西省的森林覆盖率原本已是全国第二，植树不应成为其头等大事，但因为是当时的"一把手"工程，植树便成为各级政府的头等政治任务。为应付检查，各地奇招迭出，如早在 2010 年就曾遭到媒体关注的"砍掉大树种新树"的情况。九江市下辖的瑞昌市，一条进城路上本来遍布高大的法国梧桐，但市政先是以修路的名义挪走梧桐，换上香樟等树种；不满一年又拔掉重种，新树因此纷纷枯死。这是典型的形式主义，劳民伤财，是应该遭到批判的作秀行为。

植树造林本是一项好事，但是如果不尊重科学，只是为了应付领导好恶而不顾实际情况地频繁改变，乱搞一刀切，那就会将好事变坏事，把民生工程变成"面子工程"。透过这一事件，我们也能够更加清楚地认识到，领导干部在开展工作时，决不能作秀，要切实从百姓利益出发，不能搞形式主义！

老百姓反感作秀，就是反感弄虚作假和形式主义。某些官员没有能够很好地履职，让群众在遇到问题时得到满意的解决。某些官员的行动流于表面，决策随意，让群众更加反感。用真情投入工作，用真心帮助群众排忧解难，坚决与作秀这样的形式主义划清界限，进一步拉近党与人民群众的距离。这才是为官之正道！

任何政党的前途和命运最终都取决于人心向背。"人心就是力量。"我们党的党员人数，放在人民中间还是少数。我们党的宏伟奋斗目标，离开了人民支持就绝对无法实现。我们党的执政水平和执政成效都不是由自己说了算，必须而且只能由人民来评判。人民是我们党的工作的最高裁决者和最终评判者。

——2013 年 12 月 26 日，习近平在纪念毛泽东同志诞辰 120 周年座谈会上的讲话

人心就是力量

——群众路线是党的生命线

"人心就是力量。"这句话简单而有力,它只有短短六个字,但它蕴含的深刻道理,足以决定一个政党、一个国家的前途命运,足以成就一个民族的伟大复兴,或者加速一个时代的终结。习近平引用这句俗语,旨在强调党和人民关系的实质,提醒党员干部切莫忘记"群众路线是我们党的生命线和根本工作路线"。

"水能载舟,亦能覆舟。"任何政党或政权的前途和命运,最终都取决于人心的向背。著名爱国民主人士黄炎培在延安与毛泽东有段著名的对话,他说:一部历史,"政怠宦成"的也有,"人亡政息"的也有,"求荣取辱"的也有,总之没有能跳出这周期率。

历史确实如此。奥斯曼帝国曾经横扫欧亚,不可一世,但在经过文艺复兴和工业革命快速发展起来的西欧国家面前,最后不堪一击,分崩离析。从横跨欧亚非,把地中海纳为内海的古罗马帝国,到我国历史上第一个横扫六合、一统天下的秦王朝,乃至开运河、兴武略的隋炀帝,最后之所以一朝覆亡,其原因都在于内部,在于人心向背。近30年来,一些长期执政的老党、大党纷纷下台,失去政权;一些长期在野但却十分兴盛的党,也纷纷衰落下去。墨西哥革命制度党、法国和日本的共产党等，都是具体的例证。而苏联的解体和苏共的垮塌，以及东欧的剧变，更是重大的教训。

可见，一个政权也好，一个政党也好，其前途与命运，最终取决于它在自身建设上能不能与时俱进，取决于它在人心向背上能不能始终赢得最广大人民的支持。毛泽东当年这样答复黄炎培：我们已经找到新路，我们能跳出这周期率。这条新路，就是民主。只有让人民来监督政府，政府才不敢松懈，只有人人起来负责，才不会人亡政息。所谓"得民心者得天下"，这民心就是人心，是能够主宰天下的力量。其力量从根本上说，源于两个方面：一是人民群众的认同和参与，二是人民群众的评判和选择。

人民群众是否认同一个政党的理念和奋斗目标，取决于这一理念和目标能否真正代表人民群众的利益，特别是能否协调人民群众的眼前利益和长远利益。人民群众只有认同了一个政党的理念和目标，才能主动积极地去支持和投身于这一奋斗目标。任何一个政党的奋斗目标，离开了人民群众的支持，就绝对无法实现。

一个政党的执政水平和执政成效，都不是由自己说了算的。中国共产党的执政地位，是历史和人民选择的必然结果。今天，她的执政地位的巩固，归根到底是与人民群众的衷心拥护和坚决支持分不开的。正如邓小平反复告诫全党的：老百姓高兴不高兴、满意不满意、拥护不拥护、答应不答应，是判断我们工作是非得失的最高标准。置身于全球化的浪潮中，中国的发展会受到多种因素的影响。他也经常提醒我们："现在，周边一些国家和地区经济发展比我们快，如果我们不发展或发展得太慢，老百姓一比较就有问题了。"

今天，绝大多数人民群众对我们党是信任和拥护的。然而当前，有些党员干部高高在上，严重脱离群众，把群众看作"刁民"，对群众反映的问题或漠然置之，或敷衍了事，或阳奉阴违，他们似乎已经离人民群众越来越远。如果党内这种不正之风和腐败现象继续蔓延，如果我们不能处理好与人民群众之间的关系，那么中国共产党的执政将成为无源之水、无本之木，任由发展下去，将处于非常危险的境地。

"人心就是力量"，是我们党执政的根基，是创造历史的力量，是实现中华民族伟大复兴的力量。

要让每一个干部牢记"手莫伸，伸手必被捉"的道理。

——2014 年 1 月 14 日，习近平在十八届中央纪委三次全会上的讲话

手莫伸，伸手必被捉

——保持反腐败的高压态势

1954 年 3 月，陈毅创作了组诗《感事书怀》，组诗之四是《七古·手莫伸》，令人振聋发聩的著名警句"手莫伸，伸手必被捉"就出自这首诗。陈毅向那些心术不正的人发出严正警告的同时，也表现出他大公无私的精神和甘愿为"病人"开方治病的诚恳心态。这首诗语言流畅易懂，给人以启迪和警示，无论是普通百姓，还是领导干部，读过之后都会有所感悟和收获。习近平引用陈毅这首诗中的诗句，意在诫勉领导干部，无论是对待自己还是他人，对贪污腐败必须"零容忍"。

中国古人早就有言在先："贪欲之心不除，如飞蛾扑火，焚身方休。"这些平淡而深奥的语言背后，蕴含着极其丰富的人生哲理，它向我们形象地表达出贪图私欲的危害和树立正确人生观、价值观的重要性。诚如古人所说："食色，性也。"作为人，都有自己的物欲，追求正当的个人利益是无可厚非的。但"君子爱财，取之有道"，利益的获取必须合理合法，要诚实劳动，而决不能损害他人、社会和国家的利益。

对于领导干部，应该有更高的要求，因为他掌握了人民赋予他的权力，这就存在权力为谁而用的问题。人民信任你，将权力交给你，就要求掌握权力的人在自己的工作岗位上踏踏实实干工作，为老百姓干实事、谋利益，而不是将权力作为自己敛财的工具。官员的腐败，从古至今都是令百姓最深恶痛绝的，也是对国家的危害性非常大的。领导干部必须要有清醒的头脑，无论姓甚名谁、官职大小、地位高低，一旦触碰了贪污腐败这条高压线，都将面临党纪国法的严惩和身败名裂的下场，切莫心怀侥幸。要想人不知，除非己莫为。

在现实生活中，腐败案例的沉痛教训实在太多了。有些人平日里谨小慎微，却往往会在掌握了更大权力的时候失去方向，抵挡不住诱惑。教训是惨痛的，代价是高昂的，后悔药也是无处可寻的，所以，每个掌握了权力的人都要始终在自己的周围筑起一道防腐拒变的屏障。

"手莫伸，伸手必被捉。"这反映了中央要让官员"不敢腐"、"不能腐"的决心；同时，这也是一句警告，一句诫勉。警告那些心存侥幸、心术不正之人；诫勉那些面对诱惑，心生贪念、跃跃欲试之人。常思贪欲之害，常怀律己之心。对于欲望的控制，除了个人要提高自己的道德修养，社会也需要大力弘扬正气，引导社会风气朝着风清气正、规范有序的方向发展。

很多同志有做好工作的真诚愿望，也有干劲，但缺乏新形势下做好工作的本领，面对新情况新问题，由于不懂规律、不懂门道、缺乏知识、缺乏本领，还是习惯于用老思路、老套路来应对，蛮干盲干，结果是虽然做了工作，有时做得还很辛苦，但不是不对路子，就是事与愿违，甚至搞出一些南辕北辙的事情来。这就叫新办法不会用，老办法不管用，硬办法不敢用，软办法不顶用。

——2013 年 3 月 1 日，习近平在中央党校建校 80 周年庆祝大会暨 2013 年春季学期开学典礼上的讲话

新办法不会用，老办法不管用，硬办法不敢用，软办法不顶用

——加强学习，克服本领恐慌

如今的时代处处充满压力和竞争，特别是年轻人面临着巨大的竞争压力、就业压力。现在的大学生们求职时普遍感到焦虑、迷茫，一种叫"本领恐慌"的心理状态悄然占据了他们的心理空间。有一本书，书名就叫《本领恐慌》，其主题就是：人所面临的最大恐慌就是本领恐慌，在这个竞争激烈的时代，人们必须起而自救！如何进行真正的学习革命，优化本领投资，迅速提升本领，这是时代的焦点。

"本领恐慌"这个概念在中共历史上第一次出现，是在1939年毛泽东在延安学习运动时的讲话，刊载在《毛泽东文集》(第二卷)《在延安在职干部教育动员大会上的讲话》。当年，党的领导干部大多数出身农民，又是在严酷的战争环境中成长起来的，缺乏系统的学习。当抗日战争进入相持阶段，党的工作任务有了许多新的变化时，原有的"本领"不能完全适应新的形势，问题就暴露了出来。针对这一情况，毛泽东提出了"本领恐慌"问题，意在告诫广大干部，要适应新的形势，抓紧学习，增加本领，迎接革命高潮的到来。这一讲话，成为中共在延安开展干部学习运动时的重要推动力。

面对日新月异的知识经济时代，面对层出不穷的新生事物、新的问题，面对全面深化改革的任务目标，作为肩负重大历史使命的领导干部，不能以其昏昏，使人昭昭，而应具有驾驭全局的能力。延安学习运动的经验说明，消除本领恐慌，根本的应变之道是学习。只有通过读书学习，才能让更多干部具有睿智的头脑，才能不僵化、不迷信、不狂热、不守旧。当前特别应扭转一些领导干部疏于学习、怠于思考、脱离实际的作风。

习近平在新形势下，重新对党员干部发出"本领恐慌"的警告，正是在当今时代世情、国情、党情已经发生深刻变化的背景下提出的。从世情看，世界正处在一个以变革、创新、发展、多元化为显著特征的时代，知识的更新速度大大加快，已经进入知识爆炸的时代。从国情看，当代中国已经站在新的历史起点上，经济社会发展呈现一系列阶段性特征，新情况、新问题、新矛盾不断涌现。从党情看，中国共产党正面临复杂严峻的执政考验，市场经济和环境考验不断增多。面对这样的世情、国情、党情，不抓紧学习，不抓好学习，不在学习和工作中不断提高自己，就难以完成党员干部肩负的历史责任，甚至难以在这个时代立足。

"本领恐慌"彰显了党的领导人对党的自身建设的高度重视。人类进化和发展的历程，就是一个人类不断提升其适应环境的能力、提高其应对自然的能力的过程。从远古先民对自然雷电的恐惧和崇拜，到现代科技利用电能给人类提供优质生活的服务；从面对洪水滔天只能祈求苍天护佑，到现在安闸筑坝，利用水资源为民造福，这一切都是人类通过不断提升自身能力得以做到的。一个政党也是如此，只有不断求变和创新，以增加适应新的环境的能力，才能获得兴旺发达的不竭动力。

这里说的"新办法不会用"，是无智；"老办法不管用"，是无谋；"硬办法不敢用"，是无信；"软办法不顶用"，是无能。为人若如此，必将一事无成、庸碌一生；为官若如此，必将贻害一方，祸国殃民。习近平引用百姓耳熟能详的俗语来提出党员干部"本领恐慌"的问题，具有非常重要的现实意义。

克服"本领恐慌"，唯一的出路在学习，广大党员干部需要不断提升自己的适应能力和处置问题的能力。知识存在于书本之中，也存在于实践之中。"不能则学，不知则问"，不但要多从书籍中吸取能量，更要充分进行实践，在实践中得到提升。学习应当回归"从实践中来，到实践中去"的本质，变知识学习为本领学习，才能真正克服"本领恐慌"，才能扭转"新办法不会用，老办法不管用，硬办法不敢用，软办法不顶用"的局面。

"众人拾柴火焰高。"我们有一个既有分工又有协作的中央领导集体，有一套比较有效的工作机制，大家各负其责，共同把工作做好。

——2013 年 3 月 19 日，习近平在接受金砖国家媒体联合采访时的讲话

众人拾柴火焰高

——团结一致，共创伟业

"众人拾柴火焰高，三家四靠糟了糕"，作为一句民间俗话，已经被当作谚语收录进了《中国谚语集成》，意指众多人齐心协力都往燃烧的火里添柴，火焰就必然很高。一般用来比喻心往一处想，劲往一处使，以形成共识与合力。

中共十八大以来，中国新一届的领导集体吸引了全世界的关注。习近平在接受媒体记者联合采访时，谈及自己以及新一届中央领导集体的工作，形象地运用了这句中国谚语，传递出两层意思：其一，中国传统文化中对于领导的理解，不是单纯的个体的存在，而是个体必须融入整体之中，相互协作，取长补短，才能更好地发挥作用。其二，明确传递一个信息，中国最高领导人其实并不是外界所理解的那样，只是由"一把手"说了算，而是实行集体领导，团队成员间有着明确的分工，也进行紧密的合作。

中国共产党所要做的工作，就是带领中国人民从发展走向发达，建设富强、民主、文明、和谐的社会主义现代化强国，为实现中华民族伟大复兴的中国梦而奋起努力。十几亿人民的共同梦想要得以实现，单靠部分人的力量是万万不可能完成的。这就需要有更多的人认同这个梦想的价值，一起参与到伟大的发展、建设事业中去。每个人都为这个梦想添砖加瓦，假以时日就会垒砌起万丈高台。

"人多力量大，人多好办事"，这个观念在中国民间由来已久。究其背后深刻的社会原因，则主要是因为中国古代是农耕为主的社会结构，单位时间内投入的劳动力越多，则日后的产出和收获也越大。然而，在以社会化大生产为主体的现代社会，社会分工越来越细，个人的自我意识也越来越强烈。系统论和现代管理学告诉我们，整体未必等于部分之和，整体的功能，可能大于、也可能小于各子系统或各部门力量的机械叠加，它取决于各子系统或各个部门的目标是否一致，也取决于是否能形成合理的结构。如果在一个系统中，参与的人没有统一的思想认识，没有统一的行动指导，东一榔头、西一棒子地胡搞一气；或者虽有统一的思想和目标，但组织结构和运行机制不能使个人的能力和性格达到互补，从而激发个人的活力，那么，在这一系统中，人数越多，或个人能力越强，则越可能造成内耗。

因此，对于"众人拾柴火焰高"要辩证地理解，不能仅停留在"人多力量大"的层面。我们除了要拥有统一的目标——建设富强、民主、文明、和谐的社会主义国家，还要制定科学的运行机制及合理的分工，如此才能最终形成战无不胜的力量，"火焰"才会越烧越旺。

我不是痛并快乐着，是累并快乐着。

——2013 年 3 月 22 日，习近平在会见中国驻俄使馆工作人员和中资机构代表时的讲话

累并快乐着

——带着乐观主义精神努力工作

　　1995 年，齐秦发行专辑《痛并快乐着》，风靡华语乐坛。此后，诸如"工作并快乐着"、"辛苦并快乐着"等词开始流行。中央电视台 2014 年的春节联欢晚会上，歌曲《时间都去哪儿了》播出后，一时间，"时间都去哪儿了"成为人们津津乐道的话题，甚至由此演绎出各类"去哪儿了"，成为社会热词。

　　2013 年 3 月，习近平访问俄罗斯，在会见中国驻俄使馆工作人员和中资机构代表时，谈及此次访俄之旅以及自己的时间去哪儿了的问题时，习近平说："我不是痛并快乐着，是累并快乐着。"习近平幽默地借用和改造了一个当今社会流行语，以此表达他对待工作和生活的乐观主义精神。

　　时间是最不偏私的，无论对谁，它都严格地给予一天 24 小时的平等待遇。如何利用好时间，对于每一个人而言都是至关重要的。从公开的报道中，国人能够了解到，作为一个大国的领导人，习近平的时间都去哪儿了。领导人每天的安排，犹如切换频道，每一个频道都不能出错。领导人出访的行程，一般也是被严格地安排好的，一件事情接连一件事情，中间少有空闲时间，即便有，领导人也必须认真准备和思考下一个行程中自己需要展现的内容。领导人和普通民众的区别在于，他具有代表国家形象的符号意义，他的一举一动、一言一行必须符合国人的期待和要求。背负着这些责任和使命，领导人做起来可一点也不轻松。正如习近平自己所说，他是"累并快乐着"。

习近平言说自己"累并快乐着"，一方面，直截了当、非常坦诚地表达自己的辛苦，一点不加掩饰；另一方面，他又告诉大家，自己是快乐的，他竭尽全力为国家、为人民做出自己的努力和贡献，再苦再累，也是值得的。"空谈误国，实干兴邦"，这是他在参观《复兴之路》展览之后的感慨；"夙夜在公，为民服务"，这是他就职之后对人民的承诺。一句"累并快乐着"，是习近平在践行"实干兴邦"的诺言，更是他对执政为民的完美诠释。这句话既体现了他对待工作、生活的乐观和幽默，也体现了他对待事业的执著和忠诚。

作为一位领导，不管什么级别、什么职务、在什么地域工作，其职责就是为人民服务。"累"，是工作状态的外在体现，作为领导干部，只有全身心付出辛劳，才能真正践行自己的职责。"快乐"是一种心态，更是一种理念和意愿。领导人也是人，对待超负荷的工作量，从生理层面上来说，"累"是必然的；然而，从心理层面上说，从中之所以能体验出"快乐"，是因为自己与人民群众的鱼水情深，自己的真挚感情融入到了执政为民的治国理政之中。只有怀揣着对人民的忠诚、热爱，才能在人民群众意愿实现的时候，感到无比欣慰。"累"，是使命使然，"快乐"则是为民服务之后的欣慰感和幸福感。

当今社会，朋友相见时的问候语，从原来的"吃了吗"已经慢慢转变成了"忙啥呢"。许多人被问及最近忙不忙的问题时，都会表示自己"很忙"。"忙"已经成为国人生活的一个常态，而忙的结果，便是累，便是辛苦。于是，有些人便会因此而变得浮躁，变得戾气十足，变得没有耐心。其实，"累"只是一个表面结果，重要的是，要看我们为何而累。为你所爱的人付出辛苦，即便累了，也是幸福；为你所忠诚的事业付出努力，即便累了，也是光荣！习近平言语间透露出来的乐观主义精神，给中国社会注入了一股正能量。

开展批评和自我批评需要勇气和党性，不能把我们防身治病的武器给丢掉了。忠言逆耳，良药苦口。作为共产党人，有话要放到桌面上来讲。

——2013 年 9 月 23 日至 25 日，习近平全程参加并指导河北省委常委班子专题民主生活会时的讲话

有话要放到桌面上来讲

——善于开展批评和自我批评

"有话要放到桌面上来讲",就是要求对话的双方开诚布公地亮出各自的立场、观点,而无需有所保留甚至隐瞒问题。习近平引用这一俗语,旨在弘扬党的批评与自我批评的优良传统,以增强领导班子的团结,增加领导决策的透明度。

毛泽东曾经把批评和自我批评、理论联系实际、密切联系群众列为中国共产党区别于其他任何政党的显著标志。他把"要把问题摆到桌面上来"当作领导班子内部促进沟通与交流、避免问题复杂化的方法。他说:"要把问题摆到桌面上来。不仅'班长'要这样做,委员也要这样做。"

"有话要放到桌面上来讲",既是领导班子解决内部矛盾、加强内部监督、维护团结的重要方法,也是同志之间达成共识、消除误会、化解矛盾的有效办法。真诚批评,当面讲明,错误思想影响排除了,心里疙瘩消除了,力量也就凝聚了。

这个方法很容易被理解,却较难被接受和运用。其背后的原因有很多,究其主因,还在于对话双方顾虑太重,彼此缺乏互信,对问题的解决缺乏共识。特别是在一些领导班子内部,有的人看到别人的缺点错误，彼此之间在工作上出现意见分歧，不是开诚布公地指出，当面说清楚，分清是非，辨别真假，而是背后嘀嘀咕咕，议论纷纷，互相指责，彼此埋怨，慢慢地就形成了"当面不说，背后乱说；开会不讲，会后乱讲"的不良现象。

"有话要放到桌面上来讲"，蕴含一个浅显的道理："揭短"不是目的；解决问题，改正缺点，提高党员干部的综合素质，更好地为人民群众服务才是根本目的。同时，它也表明，问题不能"藏着掖着"，要让问题"曝光"，要让党内同志之间互相"治病"。古语有云："良药苦口利于病，忠言逆耳利于行。"唯有能够听得进别人的批评意见，自身才能得到提高，问题才能真正得到解决。"批评和自我批评是一剂良药，是对同志、对自己的真正爱护。"同时，"批评"绝对不是"报复"，党内"批评"是"良药"，而不是"毒药"，不能借"批评"之机行"陷害"之实。诚如习近平所说："党内生活要交心，党内同志要做诤友、挚友。批评要出以公心、态度诚恳、讲究方法，要实事求是，分清是非，辨别真假，切忌从个人恩怨、得失、利害、亲疏出发看事待人。"

"有话要放到桌面上来讲"，还有另外一层深意：领导集体对于重大问题的决策，在班子内部要透明，而不能搞"暗箱操作"，不能所谓"一把手"说了算，或者几个人私下沟通就做决定。要坚持党的民主集中制，发扬民主，充分酝酿，集体讨论，形成共识，做到民主决策、科学决策。这是提高党的建设科学化水平的必然要求。

"有话要放到桌面上来讲"，除了应当在党的领导集体中充分发挥其作用，对于普通民众的日常生活来说，也有着积极的作用。这句话背后所体现出来的社会公平、公正、公开的意识，是当前国人整体素质和公民意识提升阶段非常重要的一环。未来中国的发展会越来越快，越来越开放，面临的挑战和问题也会越来越多。如何平衡各阶层的利益，让各类人群和谐相处，需要大家秉承"有话要放到桌面上来讲"的精神，彼此信任，相互支持。如此，社会风气才会焕然一新。

在中国当领导人，必须在把情况搞清楚的基础上，统筹兼顾、综合平衡，突出重点、带动全局，有的时候要抓大放小、以大兼小，有的时候又要以小带大、小中见大，形象地说，就是要十个指头弹钢琴。

——2014 年 2 月 7 日，习近平在俄罗斯索契接受俄罗斯电视台专访时的讲话

十个指头弹钢琴

——坚持统筹兼顾地开展工作

"十个指头弹钢琴",是指要弹出好的乐曲,十个指头的动作要相互配合。其喻意为,做事情要全方位考虑,围绕中心工作展开各个方面的工作,既要全面,又要突出重点。习近平引用这句俗语,旨在表达他治理国家的理念,即必须坚持统筹兼顾、综合平衡。

所谓"统筹",就是通盘筹划,就是要利用系统思维,对于计划的发展提前做好预案准备,协调好各方利益,以期在项目执行过程中,尽量减少矛盾和问题,顺利推动项目的健康发展。中国古时候便有这样思考问题的方法,《清史稿·穆宗纪一》中就有"谕曾国藩统筹江北军务"的记载。中国是一个大国,需要处理的问题很多,统筹兼顾是坚持科学发展观的根本方法。当前中国需要统筹城乡、区域、经济社会、人与自然和谐发展;需要统筹国内发展和对外开放、中央和地方关系、个人利益和集体利益、局部利益和整体利益、当前利益和长远利益的关系等。

中国自改革开放以来,经历了30多年的快速发展,形成了自己的一套处理问题的方法,总的说来,就是在不断加强统筹协调的前提下完成一个又一个"不可能完成的"任务。有些人认为中国的统筹仍然是计划经济时代的产物，已经不适应当前市场经济时代的发展需要，早该退出历史舞台。这样的论点显然过于偏激，它首先没有搞清楚统筹和计划的概念区别。统筹要求的是在总体上的协调，为的是保证健康和可持续的发展。统筹是一个动态的过程，它随着情况的变化而调整；计划则是偏向稳定的静态过程，一定程度上，计划拒绝变化。计划是从一开始就进行总体的设计规划，然后按部就班地执行，缺乏必要的灵活性。在遇到新问题的时候缺乏应对的方法，就会造成不良的后果。

中国这么大，地域如此辽阔、人口这样多，各方面和各条线的差别很大，治理国家的方法一定不能是千篇一律的，更加不可能是齐头并举的。这就要求领导者必须弄清楚问题的主要矛盾和次要矛盾，弄清楚矛盾的主要方面和次要方面，从而做好统筹协调的工作。毛泽东常常以"九个指头和一个指头"来比喻成绩与错误哪个是主要的，哪个是次要的，提出要善于把握主要矛盾的主要方面。因为事物的性质主要是由取得支配地位的矛盾的主要方面所决定，所以在观察和处理问题时要分清主流与支流，哪里是九根手指，哪里又是一根手指。

中国的问题大大小小，纷繁复杂，曾有外国领导人戏称中国的领导人管理的不是一个国家，而是一个"联合国"：幅员辽阔、人口众多，地区间经济发展极不平衡。中国领导人面对的挑战和问题可见一斑。"十个指头弹钢琴"，绝对不是"十个指头摁钢琴"。有些地方显露的如果是共性问题，中央就必须重视；有些是带着区域特点的个性问题，则可以放手让地方去解决。把握节奏，有张有弛，才能弹出美妙的乐曲。统筹兼顾、协调发展便是解决这些复杂问题的关键手段，这也是"十个指头弹钢琴"的要义所在。

行百里者半九十。距离实现中华民族伟大复兴的目标越近，我们越不能懈怠，越要加倍努力，越要动员广大青年为之奋斗。

——2013 年 5 月 4 日，习近平在同各界优秀青年代表座谈时的讲话

行百里者半九十

——青年要毫不懈怠地努力奋斗

西汉·刘向《战国策·秦策五》中提到："诗云：'行百里者半于九十。'此言末路之难也。"这句话形容做事愈接近成功愈困难，愈要认真对待。现实生活中，很多人开始的时候总是雄心壮志，志向远大，可是随着时间的推移，慢慢地就没有了动力，没有了毅力，没有了决心，到最后草草了事。习近平借用这一古语，是想表达我们距离实现中华民族伟大复兴的目标越近，越不能懈怠，越要加倍努力地坚持。

管理学中有"多加一盎司定律"。约翰·坦普尔顿指出：取得突出成绩的人与一般的人做的几乎是同样多的工作，他们的差别只是"多加了一盎司"，但其结果却有天壤之别。1950 年，弗洛伦丝·查德威克因成为世界第一个成功横渡英吉利海峡的女性而闻名于世。两年后，她想再创造一项前无古人的纪录——从卡德琳娜岛游向加利福尼亚海滩。当她在冰冷刺骨的大海中游了 16 个小时之后，已经筋疲力尽，眺望远方，只见前方浓雾弥漫，目标似乎遥不可及。她想，看来这次是无法游到对岸了，就对船上陪同的人说："把我拖上船吧。"再三请求下，瑟瑟发抖的查德威克被拖上了小船。就在她喝了一杯热汤的工夫，小船瞬间就到达了对岸。此时她才知道，她离成功只剩下短短的半英里！事后，她认识到，妨碍她成功的，不是大雾，而是她内心的疑惑。两个月后，她再次挑战了自己。尽管浓雾还是弥漫在她周围，海水依旧冰冷刺骨，但她这次坚持着，因为她知道陆地就在前方，陆地就在她心中。查德威克终于明白了信念的重要性。纵观历史长河，放手尝试的人比比皆是，然最终取得成功的却寥寥少数，他们都输在起跑线上吗？未必。成功的人往往就是基于执著的信念而比他人"多加了一盎司"。

成功的道路往往都是充满艰辛和曲折的。一个人追求自己的事业成功是这样，一个国家追逐国家的梦想更是这样。

中国现在正处在改革开放、加速社会主义事业建设的高速轨道上，要让这项事业越来越光明、越来越有希望，就必须让更多的有志、有为的青年加入这一历史征程。毛泽东当年曾经用"早晨八九点钟的太阳"来比喻年轻人的朝气。今天，习近平引用"行百里者半九十"这句古语勉励青年一代，正是希望青年人要牢牢把握当前大展才华的好机会，孜孜不倦地努力拼搏，为国家的发展和建设贡献自己的青春和力量。

"行百里者半九十"，提醒我们时刻牢记目标尚未达成，绝不可放慢脚步，也不能低估困难；相反，越是接近成功，就越是需要我们付出更多的努力。

其实，要克服这个问题也不难，首先要明确自己的目标，志存高远。要有"不到长城非好汉"的雄心壮志，把追求的目标转变为奋发向上、顽强拼搏的动力，用自己的实际行动将目标变为现实。

其次，要坚持不懈，善始善终。古人云："靡不有初，鲜克有终。"有一个好的开头并不难，能善始善终，坚持到底却不易，正所谓"脚踏实地海让路，持之以恒山可移"。最后，就是要充满自信、渴望成功。面对目标，有信心未必会赢，但没信心一定会输。信心是取得胜利的心理基础，内心深处对于成功的渴望是不断趋向胜利的动力，要相信自己可以做到，绝不轻言放弃。

以青春之我……创建青春之国家，青春之民族。

——2013 年 5 月 4 日，习近平在同各界优秀青年代表座谈时的讲话

以青春之我，创建青春之国家

——青春是用来奋斗的

1916 年，上海的《新青年》第二卷第一号发表了李大钊一篇划时代的雄奇之作——《青春》，其中发出了这样的呐喊声："以青春之我，创建青春之家庭，青春之国家，青春之民族，青春之人类，青春之地球，青春之宇宙，资以乐其无涯之生。"1916 年初春，正是袁世凯窃取辛亥革命胜利果实的国难时刻，李大钊虽身处日本，却心系祖国。他独辟一舍，闭门谢友，专事创作《青春》。如今，这首诗已成为激励青年发奋图强、大有作为的不朽名篇。

习近平在 2013 年五四青年节当日，与各界优秀青年代表座谈时，引用这句话来勉励大家，正是他对于青年寄予厚望的表现。

无论何时，青年都是一个国家的未来。梁启超在《少年中国说》中说过："少年智则国智，少年富则国富，少年强则国强，少年独立则国独立，少年自由则国自由，少年进步则国进步，少年胜于欧洲则国胜于欧洲，少年雄于地球则国雄于地球。"

中国共产党从成立之日起，就紧密联系广大青年。党的事业的发展离不开青年，青年的健康成长更离不开党。近现代中华民族变迁的历史也已证明："青年兴则国家兴，青年强则国家强。"自中国沦为半殖民地半封建社会后，成千上万的热血青年为救亡图存、振兴中华而奔走呼号，积极探索救国救民的真理和道路。五四运动的爆发，标志着中国青年成为中国人民反帝、反封建斗争的急先锋。中国共产党成立后，满怀理想的革命青年，在党领导的争取民族独立和人民解放的斗争中冲锋陷阵，抛洒热血，为中国革命的胜利建立了卓越的功勋。

新中国的成立，为青年的成长开辟了新的天地，广大青年在社会主义建设事业中忘我劳动，艰苦创业，竭诚奉献，为保卫和建设新中国建立了卓越的功勋。正如 20 世纪 50 年代毛泽东在接见青年知识分子时所说的那样："世界是你们的，也是我们的，但是归根结底是你们的。你们青年人朝气蓬勃，正在兴旺时期，好像早晨八九点钟的太阳。希望寄托在你们身上。"

中共十一届三中全会以来，党为青年特别是知识分子成为经济发展和社会进步的栋梁之材，提供了新的广阔平台。广大青年发出团结起来、振兴中华的时代强音，积极投身改革和建设实践，在各条战线上团结奋斗，勤勉工作，开拓进取，为中华民族的伟大复兴作出了贡献。

长江后浪推前浪，世上新人换旧人。20 世纪 90 年代初邓小平在退出领导岗位后，谆谆嘱托党的第三代领导核心："让更多的年轻人成长起来。他们成长起来，我们就放心了。"此后，江泽民、胡锦涛等中央领导多次强调"赢得青年就是赢得未来"的重要性，针对社会上流传的所谓"80 后"是"迷茫的一代"、"垮掉的一代"等评价，他们认为："实践充分证明，在改革开放伟大进程中成长起来的当代中国青年，是值得信赖的，是能担当重任的。"

在任何一个时代，青年风华正茂，思维敏捷，接受新事物快，都是社会上最富有朝气、最富有创造性、最富有生命力的群体，素有开风气之先的光荣传统。但同时，青年缺乏社会阅历，缺少遭受挫折的磨炼。因此，为了不断创新，更需要我们有百折不挠、勇往直前的精神，有探索真知、求真务实的态度。当代青年要成为社会栋梁之材，不仅需要有扎实的专业知识和技术、技能，而且需要在复杂的社会环境和国际环境中，能全面认识当代中国的大局，从而能科学地把握未来发展的大势。不仅要能更好地适应社会，还能在走上社会后承担起引领社会进步的责任。这一信念，将推动我们青年在民族复兴的舞台上，发挥聪明才智，展示自身才华，实现人生价值，创造出无愧于时代和人民的业绩。

青年的价值取向决定了未来整个社会的价值取向，而青年又处在价值观形成和确立的时期，抓好这一时期的价值观养成十分重要。这就像穿衣服扣扣子一样，如果第一粒扣子扣错了，剩余的扣子都会扣错。人生的扣子从一开始就要扣好。

——2014 年 5 月 4 日，习近平在北京大学师生座谈会上的讲话

人生的扣子从一开始就要扣好

——价值观的养成重在青年时期

人人都要穿衣，都会穿衣，都在儿时便被父母引导着学会如何扣扣子。这是一项平常的技能，也是一项平日里天天都要重复做的动作。扣子要从上到下对齐扣好，否则衣服就会歪歪扭扭，这也是一个日常的普通道理。然而，从这普普通通的事情中又能升华出另一层深意，正如习近平告诉青年人所说的那样："人生的扣子从一开始就要扣好。"

习近平谈到的"人生扣子论"，对青年人的价值观培养很有启迪意义。的确，人生就像扣扣子，第一粒扣子扣错了，后边的扣子就不可避免地会跟着错，正如一个人如果将当官和发财联系在一起，那么他"第一粒扣子"就错了，以后，必然会一错再错，最终走向堕落，走向灭亡。

青年时期是一个人成长、成熟最重要的时期，在这个时期里，个人的价值观、人生观和世界观会得到确立，并在未来的人生之路上发挥至关重要的指导作用。青年时期是学习的黄金时期，也是最容易受到各种思想影响的时期。习近平在北大考察时对青年大学生提出的"勤学"、"修德"、"明辨"、"笃实"四点要求，为青年大学生培育和践行社会主义核心价值观提供了指引和方向。它可以帮助青年大学生认识世界、端正思想、树立正确的价值观念，在未来扣好人生的第一粒扣子。青年时期树立的价值观，会直接影响今后的生活。青年会在正确的价值观的指导下立己修身，让自己成长为国家需要的栋梁之材，未来更好地为人民服务。

孔子在《论语·里仁》中说："不患无位，患所以立。不患莫己知，求为可知也。"这就是告诫青年人不应为自己将会得到什么样的职位而发愁，而应该发愁的是自己有没有与这个职位相匹配的才学。青年人应当像君子一样，不去担心自己得不到别人的理解，只希望能不断完善自我，得于心自然能形于体，别人自然也就知道了。被誉为"人民科学家"的钱学森在自己的青年时期，面对国难当头的现实，坚决地选择了航空报国的道路，就是抱着一颗赤子之心，希望在不远的将来可以以一当十，以一当百，以一当万千，以科学的力量报效祖国。在他的价值观念中，国为重，家为轻，责任重于泰山。正是在这样的价值观的引领下，身处美国20多年的他，虽然已经享有常人难以企及的荣誉和地位，却毅然决然地放弃他在美国所获得的一切，冲破重重阻碍也要回到他魂牵梦萦的祖国。他的回国没有考虑自己将来会有怎样的职位，更没有从功利的角度去考量自己的回国是不是"合算"，他所考虑的，只是自己的所学是否能够为新中国的建设和发展做出一些贡献，能够为自己祖国的人民做点事。这种考量是最朴素，也是最真实的，而促使他形成这样决定的，就是他在青年时期树立的价值观念，也就是钱学森人生的第一粒扣子。

青年时期正是积蓄力量的大好时期。"吾愿吾亲爱之青年，生于青春，死于青春"，这是李大钊对青年的希望。青年人应该保持青春之热情、青春之追求，以更高的要求加强自身修养，以更高的标准完成肩上使命。尤其是在人生之初就要把第一粒扣子扣好，找到正确的人生坐标，形成正确的价值观念，然后大胆去锻炼，勇敢去尝试，让心智在风浪中逐渐成熟，让信念在追寻中日渐坚定。在工作和困难面前要多想一些"怎么干"而非犹豫"怎么办"，多想一些"我来干"而非推脱"我不管"。唯有如此，方能厚积薄发，方能在真正遇到事情的时候能够担起大任，顺利完成国家和人民交给的任务。

万事开头难，难就难在要选择好正确的第一步，你到底想实现怎样的人生价值，想展现怎样的生命风采。只有第一步选对了，只有第一粒扣子扣对了，你才能走好自己的人生路。

人生是多彩的，世界是多样的，关键是要选择好自己的正确道路，也就是扣好人生的第一粒扣子。这第一粒扣子，必须把国家需要、社会期望和个人价值紧密结合。扣好了第一粒扣子，才能有完美精彩的人生。

诗文引用篇

我们要把党和人民 90 多年的实践及其经验，当做时刻不能忘、须臾不能丢的立身之本，既不妄自菲薄，也不妄自尊大，毫不动摇走党和人民在长期实践探索中开辟出来的正确道路。

——2013 年 12 月 26 日，习近平在纪念毛泽东同志诞辰 120 周年座谈会上的讲话

既不妄自菲薄，也不妄自尊大

——对中国经验的自信和自觉

"妄自菲薄"与"妄自尊大"是中国人耳熟能详的两个成语。前者出自三国蜀·诸葛亮《出师表》："不宜妄自菲薄，引喻失义，以塞忠谏之路也。"诸葛亮辅佐刘禅兴复汉室，但刘禅胸无大志，诸葛亮深表忧虑，于北上伐魏之前上书后主，劝勉他不要过分看轻自己。后者出自南朝宋·范晔《后汉书·马援传》："子阳井底蛙耳，而妄自尊大。"是说东汉初年，刘秀做了皇帝，但天下尚未统一，各路豪强各自为政，公孙述势力最大。称霸陇西的隗嚣派马援去公孙述处，商讨长期割据事宜，而公孙述竟摆出皇帝的阵势，傲慢无礼。马援很不愉快，回去后对隗嚣说："公孙述是井底之蛙，看不到天下之广大，自以为了不起。"

习近平借用这两个成语，旨在说明在坚持走中国特色社会主义道路过程中，要警惕社会上出现的两种错误倾向：一是"妄自菲薄"的虚无主义情绪，二是"妄自尊大"的封闭僵化。

"妄自菲薄"者通常是以西方发达国家的现状，来评价中国的现状，他们不仅夸大中国与西方发达国家的发展差距，夸大中国在发展进程中产生的社会矛盾，更关键的是，他们把西方文明视为人类文明普遍的、唯一的形式，认为如果拒绝照搬西方模式，这些差距是不可能缩小的，这些问题和矛盾是无解的，从而对中国的发展前途和命运悲观失望。"妄自菲薄"者的错误在于，他们忽视了今日中国的历史基础，也就是从 1840 年开始，直至 20 世纪 40 年代，是中国人民的抗争史。他们不愿意深入认识人口多、底子薄的基本国情，更不愿意承认 30 多年来中国改革开放所取得的发展成就和进步。总的来说，"妄自菲薄"是历史虚无主义的一种表现。

要克服"妄自菲薄"的不健康心态，需要坚定中国特色社会主义的道路自信、理论自信和制度自信。中国道路既不同于前苏联的斯大林模式，也不同于资本主义走过的道路。我们的制度使我们能确保大政方针和长远规划的统一性、稳定性和连续性，以及决策和执行的高效率。正如邓小平所说："社会主义国家有个最大的优越性，就是干一件事情，一下决心，一做出决议，就立即执行，不受牵扯……就这个范围来说，我们的效率是高的，我讲的是总的效率。这方面是我们的优势，我们要保持这个优势，保证社会主义的优越性。"这就是中国人应有的自信。今天，对中国经验的自信，体现在决不走改旗易帜的邪路，而是坚定不移地走好中国特色社会主义道路。

与"妄自菲薄"者正好相反，"妄自尊大"者则表现为自满、自足、自娱自乐的心态和行动。这种倾向的产生，是人们对改革开放 30 多年发展成就盲目乐观的结果。在有些人看来，现在我们的经济总量已跃居世界第二，国力增强了，人民富裕了，国际地位提高了，不必再艰苦奋斗了，也不必再走和平发展的道路了。有这种想法的人无视中国基本国情的"三个没有变"：一是我们仍处于社会主义初级阶段；二是当前的主要矛盾依然是人民日益增长的物质文化需求同落后的社会生产力之间的矛盾；三是我们仍然是世界上最大的发展中国家。他们掩盖问题和矛盾，或不思进取、小富即安，丧失深入改革的动力；或好大喜功，兴奢靡之风；或夜郎自大，自以为天下第一，凡此种种皆拒绝学习和借鉴其他文明成果，导致封闭僵化。

要克服"妄自尊大"的不健康心态，需要树立起自觉的意识。所谓自觉，就是要有忧患意识，做到居安思危。中国特色社会主义道路处在新的历史起点上，中国特色社会主义理论还在发展当中，我们的基本制度还需要完善。邓小平当年谈到我们制度的优势时，也同时指出了高度集中体制的弊端，那就是造成"官僚主义现象，权力过分集中的现象，家长制现象，干部领导职务终身制现象和形形色色的特权现象"，"严重妨碍社会主义优越性的发挥"。这就是典型的自觉意识。脱离自觉意识的自信，就成了盲目的自信，就变成了"无知者无畏"。今天，对中国经验的自觉，体现在决不走封闭僵化的老路，而是坚定不移地走中国特色社会主义道路。

"妄自菲薄"与"妄自尊大"，看似是两个极端，但两者都罔顾历史与现实，都是片面、孤立、局部地看待问题的错误思维方法，因此都是有害的。对于今日之中国人而言，我们需要的是自信和自觉：对中国特色社会主义的道路自信，且毫不动摇！清醒认识中国发展中的问题和矛盾，不回避遮掩！万众一心，坚定建成小康社会并实现中华民族伟大复兴的决心！

中华民族是具有伟大创新精神的民族，以伟大创造能力著称于世。"苟日新，日日新，又日新"，是对中华民族创新精神的最好写照。

——2013 年 12 月 31 日，习近平在全国政协新年茶话会上的讲话

苟日新，日日新，又日新

——中华民族创新精神的写照

习近平在 2013 年底全国政协新年茶话会的讲话中，引用了《大学》中的"苟日新，日日新，又日新"。这句话的原文是："汤之《盘铭》曰：'苟日新，日日新，又日新。'《康诰》曰：'作新民。'《诗》曰：'周虽旧邦，其命惟新。'是故君子无所不用其极。"其意是："如果能够一天新，就要保持天天新，新了还要更新。"《康诰》说："激励人弃旧图新，去恶从善。"《诗经》说："周朝虽然是旧有的邦国，但其使命在于革新。"所以君子无不追求极致的完善。据说"创新"一词滥觞于此。

《大学》原是《礼记》中的一篇。宋代程颢、程颐兄弟把它从《礼记》中抽出，编次章句。朱熹将之与《中庸》、《论语》、《孟子》合编注释，称为《四书》，从此《大学》成为儒家经典。

"苟日新，日日新，又日新"，是商朝开国君王成汤铭刻在洗澡盆上的箴言，原是说每天去除身体上的污垢，使身体焕然一新，引申开来则指思想的洗礼、品德的修炼和精神上的弃旧图新，是从动态的角度强调不断革新。如果说"日新"尚且容易，"日日新"已是难能可贵，"又日新"则更难。中国虽然是个古老的国家，然"周虽旧邦，其命惟新"。我们的传统文化强调创新反对因循守旧，要求社会不断变革图强，要求为政者不断提高道德修养，更新思想观念。正是因为有这种传统，自古以来，中华民族做出了不少创造、创新和发明，为人类文明做出了不可磨灭的贡献。

也正是在这个意义上，习近平说"苟日新，日日新，又日新"是对中华民族创新精神的最好写照。他在 2013 年的五四讲话中曾引用这句箴言，鼓励广大青年走在创新的前列："创新是民族进步的灵魂，是一个国家兴旺发达的不竭源泉，也是中华民族最深沉的民族禀赋，正所谓'苟日新，日日新，又日新'。"

在挑战与机遇并存的当今世界，创新的重要性毋庸置疑，它是推动社会进步的强大力量。21 世纪中国的迅猛发展，创新无疑扮演了重要角色。习近平引用"苟日新，日日新，又日新"，不仅指出中华民族是一个自古以来就拥有创新精神的民族，中华民族有伟大的创造能力；更强调当代中国需要继续创新，以适应时代发展的重要性。

"苟日新，日日新，又日新"，既需要有内在的自强不息的品格，也要有外在的不断学习的能力，而在中华民族性格中历来不缺乏这样的品格和能力。面对风云变幻、竞争激烈的各种局面，只要保持中华民族的创新精神，就有足够的定力去迎接各种挑战，就一定可以在世界舞台上再放异彩。

这样一个大国，这样多的人民，这么复杂的国情，领导者要深入了解国情，了解人民所思所盼，要有"如履薄冰，如临深渊"的自觉，要有"治大国如烹小鲜"的态度，丝毫不敢懈怠，丝毫不敢马虎，必须夙夜在公、勤勉工作。

——2013 年 3 月 19 日，习近平在接受金砖国家媒体联合采访时的讲话

治大国如烹小鲜

——了解国情，科学施政

"治大国如烹小鲜"语出老子《道德经》第六十章："治大国，若烹小鲜。以道莅天下，其鬼不神。非其鬼不神，其神不伤人；非其神不伤人，圣人亦不伤人。夫两不相伤，故德交归焉。"意思是，治理大国，好像煎烹小鱼一样不能随便翻滚。以"道"治理天下，鬼怪就不灵了。不是鬼不灵，而是它起的作用不伤人。不但鬼的作用伤害不了人，圣人有道也不会伤害人。鬼神和有道的圣人都不伤害人，人民就可以享受到德的恩泽。

"治大国，若烹小鲜"是一句流传极广、对中国政治家影响甚大的名言，后世很多学者与政治家根据自己的理解对之有不同诠释。但无论将"小鲜"解释为"小鱼"还是"美味菜肴"，其核心都是以烹饪比喻治国："烹小鲜"不能随意翻动，油盐酱醋要恰到好处，火候要掌握得当，否则就会或烂或焦，过咸或过淡。治国亦然，不能朝令夕改乱折腾，不能操之过急求政绩，不能懈怠马虎不负责。

"治大国如烹小鲜"，形象地道出了国家治理应该秉持的理念和精神。习近平在接受金砖国家媒体联合采访时，以此表达自己的治国理念，颇有深意。"烹小鲜"，前提是准确了解"小鲜"的特点，然后根据其特性添加调料，控制火候。"治大国"，同样要先了解国情、体察民意，才能以民为本、尊重规律、励精图治、科学施政。"烹小鲜"是日常生活小事，尚需要用心、尽心方能做好，"治大国"乃关乎国家前途、民族命运之大事，更需有强烈的历史使命感与责任感。

"治大国如烹小鲜"充分体现了老子"无为而治"的哲学思想。"无为而治"并非消极地放任不管，无所作为，而是在顺应事物客观规律的前提下有所作为。就治国为政而言，执政者做出的任何决策，都要尊重历史发展规律，尊重社会的自然秩序，尊重民心民意。政出频繁、朝令夕改、追求政绩的"拍脑子"决策，凭感觉折腾的"扰民"决策，都无法让老百姓安居乐业，更妄谈富国强兵。这也是为什么习近平要求"领导者要深入了解国情，了解人民所思所盼"，因为这是"治大国"之前提基础。

据不完全统计，迄今为止，《老子》是目前世界上除《圣经》外翻译最多、流传最广的经典著作。在西方，老子的"我无为而民自化，我好静而民自正，我无事而民自富，我无欲而民自朴"的思想被普遍认为是人类自由主义思想的最早先驱。许多外国领导人喜欢老子的名句，如里根在 1982 年国情咨文中就曾引用"治大国如烹小鲜"，梅德韦杰夫在 2010 年的一次国际会议上也曾引用老子的"知行不殆"。所以，习近平在接受金砖国家媒体联合采访时以"治大国如烹小鲜"表达的治国理念，是一个可以被世界理解的理念。

习近平引用"治大国如烹小鲜"来表明自己的治国理念，体现了中华传统文化对他执政思想的影响。事实上，除了"治大国如烹小鲜"，习近平很多治国理念，诸如以民为本、政通人和、尚贤重才、建设节约型社会等，都能看到中华传统文化精华对他的深厚影响。习近平在各种场合大量引用中华传统文化典籍的经典名句，也是在向国内外展示中华传统文化精华的非凡魅力，激发人们对中华传统文化的兴趣与关注。

"兄弟同心，其利断金。"两岸同胞要相互扶持，不分党派，不分阶层，不分宗教，不分地域，都参与到民族复兴的进程中来，让我们共同的中国梦早日成真。

——2014 年 2 月 18 日，习近平在会见台湾地区各界人士访问团时的讲话

兄弟同心，其利断金

——两岸同胞携手共圆中国梦

应中国大陆方面邀请，中国国民党荣誉主席、两岸和平发展基金会董事长连战，2014 年 2 月 17 日至 20 日率台湾地区各界人士访问团赴北京访问交流。习近平在与连战会晤时，发表了《共圆中华民族伟大复兴的中国梦》的讲话。在讲话的最后，他引用了"兄弟同心，其利断金"，意在表达两岸美好的共同愿景。

"兄弟同心，其利断金"出自《周易·系辞上》。《周易》亦称《易经》，简称《易》。"易"有变易、简易、不易三义，表达了事物变化、执简驭繁、永恒不变的道理。相传系周人所作，故名《周易》。内容包括《易经》和《易传》两部分。周易以高度抽象的六十四卦的形式，表征普遍存在的双边关系中可能发生的各种各样的变化，并附以卦爻辞作简要说明。"兄弟同心，其利断金"原文是："二人同心，其利断金；同心之言，其臭如兰。"意思是，两个人同心同德，他们的力量就会锋利得可以斩断金属。两人同心的语言，就像兰草一样芬香。这句话经常被用来形容团结一致，力量就会强大。

习近平此次讲话，共有四个重点，分别是：第一，两岸同胞一家亲，谁也不能割断我们的血脉。第二，两岸同胞命运与共，彼此没有解不开的心结。第三，两岸同胞要齐心协力，持续推动两岸关系和平发展。第四，两岸同胞要携手同心，共圆中华民族伟大复兴的中国梦。

两岸同胞是亲兄弟，有着共同的血脉和精神、有着共同的历史和文化。两岸同胞虽然隔着一道海峡，但命运从来都是紧紧连在一起的。民族强盛，是同胞共同之福；民族衰弱，是同胞共同之祸。两岸走近、同胞团圆，是两岸同胞的共同心愿，没有什么力量能把我们割裂开来。习近平特别指出，我们对于历史留给台湾同胞的伤痛感同身受，而熨平心理创伤需要亲情，亲情不仅能疗伤止痛、化解心结，而且能实现心灵契合，这便是兄弟之情最为弥足珍贵之处。

自 2008 年两岸关系出现新契机、两岸实现"三通"等重大发展以来，两岸同胞共同选择了两岸关系和平发展道路，开创了前所未有的新局面，两岸同胞都从中得利。实现中华民族伟大复兴，实现国家富强、民族振兴、人民幸福，是孙中山先生的夙愿，是中国共产党人的夙愿，也是近代以来全体中国人的夙愿。我们说的中国梦，就是中华民族夙愿的生动表述。中国梦是两岸中国人共同的梦，需要大家一起来圆梦。

只有两岸"兄弟同心"，才能"其利断金"，只有两岸共同努力参与到民族复兴的进程中来，才能让我们共同的中国梦早日成真，创造两岸关系最美好的未来。

"积土为山，积水为海。"只要我们坚持不懈推进中非合作，就一定能不断取得更大成果。

——2013 年 3 月 19 日，习近平接受金砖国家媒体联合采访时的讲话

积土为山，积水为海

——中非携手共圆"梦"

2013 年 3 月 19 日，习近平在接受金砖国家媒体联合采访时，引用"积土为山，积水为海"，强调只要坚持不懈地推进中国和非洲之间的广泛合作，就能日积月累，积少成多，取得巨大成果。

"积土为山，积水为海"，在《荀子》的《劝学》和《儒效》两篇中都有出现。作为战国末年著名的唯物主义思想家，荀子的思想偏向于经验以及人事方面，重视社会秩序的建立，反对天命、鬼神迷信等神秘主义思想，强调事物的自然规律，重视人的主观能动性。

《劝学》中说："积土成山，风雨兴焉。积水成渊，蛟龙生焉。"意谓把土堆起来可以成山，把水蓄起来可以成海。比喻日积月累，积少成多，可以从量变到质变。

《儒效》为《荀子》第八篇，论述儒者的作用。其中说："故积土而为山，积水而为海，旦暮积谓之岁，至高谓之天，至下谓之地，宇中六指谓之极，涂之人百姓，积善而全尽，谓之圣人。"认为任何人只要渴望和不断努力地去积累善，就可以成为理想的圣人。可见，荀子认为无论是为学还是为人，都要从小事做起，持之以恒，善始善终，才能达到理想的境界。

任何事物的发展都是从量变到质变，"积土为山，积水为海"是荀子对事物发展的真切认识，与老子的"九层之台，起于累土"一样，体现了古代思想家朴素的辩证法思想。这种认识对我们今天的生活同样具有指导价值，即只要明确方向，坚持不懈，任何事情都会有积少成多、集腋成裘、从量变达成质变的那一天。无论是小到个人的知识积累、品格修养，还是大到国家的治理，乃至国与国之间的关系，都是同样的道理。

中非同属发展中国家，共同的历史遭遇、共同的发展任务、共同的战略利益，把中非塑造成了命运共同体。推动中非关系全面均衡向前发展，造福中非人民，是中国独立自主和平外交政策的重要组成部分。习近平就任国家主席后，首次出访就包括坦桑尼亚等非洲国家，充分表明了中国新一届领导集体对非洲大陆和中非关系的重视。

相互尊重、平等相待、相互支持、互利共赢是中非关系的特点，当年非洲兄弟把我们"抬进"了联合国，而中国在致力于自身发展的同时，也一直为非洲和平与发展提供力所能及的帮助。长久以来，中国经济发展的成功以及长期对非援助和经济合作的实践，都说明了中国发展不仅造福自身，也将惠及非洲和世界。

"积土为山，积水为海。"以荀子的先贤智慧为指导，中非携手前进、共同发展，一定可以达成"中国梦"与"非洲梦"共同实现的愿景。

墨西哥著名作家帕斯曾将两千多年前中国哲人老子、庄子的思想翻译成西班牙文。庄子说过："水之积也不厚，则其负大舟也无力。"我们要让中墨两国人民友情汇聚成浩瀚的大海，让中墨友好合作的大船不断乘风破浪前进。

——2013 年 6 月 5 日，习近平在墨西哥参议院的演讲

水之积也不厚，则其负大舟也无力

——让友谊之海载起中墨合作之舟

2013 年 6 月 5 日，习近平访问墨西哥期间在墨西哥参议院发表演讲，以庄子"水之积也不厚，则其负大舟也无力"，表达以中墨两国人民的友谊之海载起中墨友好合作大船的美好愿望。

"水之积也不厚，则其负大舟也无力"语出庄子《逍遥游》。原文为："且夫水之积也不厚，则其负大舟也无力。覆杯水于坳堂之上，则芥为之舟；置杯焉则胶，水浅而舟大也。"意思是，水的积聚不深厚，那么它浮载大船就没有力量。倒一杯水在厅堂的低洼处，那么只有那小小的芥草可作它的船；而放一只杯子就粘住不动了，因为水太浅而船太大了。庄子是以水与舟的比喻来说明万物都是"有待"的，大舟航行"有待"于水，大鹏扶摇直上九万里"有待"于风，任何事物都是有所依赖，受主客观条件制约的。

庄子，名周，为战国中期著名的思想家、哲学家和文学家，道家学派的主要代表人物，与老子并称为"老庄"。他们的哲学思想体系，被思想学术界尊为"老庄哲学"。《逍遥游》是集中体现庄子哲学的名篇之一，寓说理于寓言和生动的比喻中，阐述无所依凭的主张，追求精神世界的绝对自由。全篇以奇特想象与浪漫色彩著称，也是诸子百家中的名篇。

尽管庄子所追求的"逍遥游",是超脱一切、无所待的绝对自由的精神境界,但是,透过庄子《逍遥游》的语境来理解"水之积也不厚,则其负大舟也无力",我们仍可以体会到其中朴素的辩证法思想。习近平对庄子此语的引用,就是基于其辩证法思想,同时也因为《庄子》曾被墨西哥著名作家帕斯翻译成西班牙语,墨西哥人民相对熟悉。他把中墨合作比喻为"大舟",而中墨人民的友谊就是负起此"大舟"的浩海。

中国与墨西哥都是文明古国,两国的友好交往源远流长。据《梁书》记载,早在 5 世纪,中国的佛教徒就曾到达墨西哥等拉美国家。19 世纪末期,中墨两国就已正式建立外交关系。1899 年,两国还就通商、海上通航达成友好协议。墨西哥是最早与中华人民共和国建交的拉美国家,1972 年中墨建交以来,一直在国际事务中保持良好合作,双方首脑互访频繁,合作交流领域不断扩大。墨西哥是中国在拉美第二大贸易伙伴,也是与中国文化交流最多的拉美国家之一。

习近平在演讲中,以中墨两国悠久的历史文明,和两国之间政治、经济、贸易、科技、文化、艺术、体育等的广泛交流合作,说明中墨两国经过岁月积淀的深厚友谊,而这深厚友谊就是承载中墨两国友好合作之舟的"浩瀚大海"。在新的历史时期,中墨战略伙伴关系将提升为全面战略伙伴关系,只要中墨两国相互尊重,平等相待,真诚合作,携手共进,中墨友好合作之"大船"一定会乘风破浪驶向更美好的未来。

"合抱之木，生于毫末；九层之台，起于累土。"保持中国—东盟友谊之树长青，必须夯实双方关系的社会土壤。

———2013 年 10 月 3 日，习近平在印度尼西亚国会的演讲

合抱之木，生于毫末

——夯实中国与东盟友谊的社会土壤

　　2013 年 10 月 2 日至 8 日，习近平先后访问印度尼西亚和马来西亚，并出席亚太经合组织第二十一次领导人非正式会议。在此期间，他在印度尼西亚国会发表了题为《携手建设中国—东盟命运共同体》的演讲，引用"合抱之木，生于毫末；九层之台，起于累土"表达他通过夯实双方关系的社会土壤，发展中国与东盟国家友谊合作的决心和远见。

　　"合抱之木，生于毫末；九层之台，起于累土"出自老子《道德经》第六十四章。原文为："其安易持，其未兆易谋；其脆易泮，其微易散。为之于未有，治之于未乱。合抱之木，生于毫末；九层之台，起于累土；千里之行，始于足下。为者败之，执者失之。是以圣人无为故无败，无执故无失。民之从事，常于几成而败之。慎终如始，则无败事。是以圣人欲不欲，不贵难得之货，学不学，复众人之所过，以辅万物之自然而不敢为。"

　　老子，姓李名耳，字聃，为道家学派创始人，我国最伟大的哲学家和思想家之一。《道德经》，又称《老子》、《老子五千文》，共八十一章，相传为老子所著，是道家思想的重要来源，也是中国历史上首部完整的哲学著作。《道德经》中有大量朴素的辩证法观点和唯物主义观点，主张无为而治，对中国哲学的发展具有深远影响。

"合抱之木，生于毫末；九层之台，起于累土"的意思是：合抱的大树，是从微小的树苗生长起来的；九层高的高台，是从一点点泥土堆积而成的。这句之后，是更广为人知的"千里之行，始于足下"。这是老子从"大生于小"的观点出发，对事物的发展变化规律所做的精辟阐述，即万事起于忽微，若要成就大的事业，必须从小事做起。

中国和东盟是山水相连的友好近邻，尤其是1991年中国与东盟所有国家建立了外交关系以后，双方在政治、经济、文化等各方面的交流与合作不断深化和拓展。习近平在演讲中提出构建"中国—东盟命运共同体"，更是把双方的关系上升到更为紧密的同舟共济、共同发展、共同繁荣的层次。

国际友邦之间的关系如同亲戚朋友间的关系，来往密切、走动频繁，感情就亲密，反之感情就会疏远。习近平通过一组数据说明中国与东盟国家的密切往来：2012年，中国和东盟国家人员往来达1 500万人次，每周有1 000多个航班往返于中国和东盟国家之间。这样的来往密度足以说明双方关系之亲近，何况中国与东盟的往来不仅仅是高层的外交、经贸，更有民间的旅游观光——双方已经互为主要旅游客源国。来往多了，对对方的社会、经济、文化、习俗等自然有更多的了解，有了互相了解的基础，才可能互相理解，只有互相理解，才可能产生深厚的友谊。这就是习近平所说的"双方关系的社会土壤"。

中国与东盟的友谊之树要成长为参天大树，就要"生于毫末"，"起于累土"。中国与东盟之间各方面的交往合作，都是这友谊的"毫末"、"累土"。正是基于此，中国倡议将2014年确定为中国—东盟文化交流年，并愿意向东盟派出更多志愿者，支持东盟国家文化、教育、卫生、医疗等事业发展。如果要保持中国与东盟友谊之树的常青，更要着眼于保持未来友谊的"毫末"、"累土"。故此，中国将在今后三至五年，向东盟国家提供1.5万个政府奖学金名额，为中国—东盟关系发展提供更多智力支撑。因为青年是我们的明天，加强双方青年的互相交流与沟通，让友谊在双方青年心中扎根，才能让中国与东盟各国的友谊有充分的社会基础，长出"合抱之木"，筑起"九层之台"。

"海纳百川，有容乃大。"在漫长历史进程中，中国和东盟国家人民创造了丰富多彩、享誉世界的辉煌文明。这里是充满多样性的区域，各种文明在相互影响中融合演进，为中国和东盟国家人民相互学习、相互借鉴、相互促进提供了重要文化基础。

——2013 年 10 月 3 日，习近平在印度尼西亚国会的演讲

海纳百川，有容乃大

——让各种文明在相互影响中融合共进

　　"海纳百川，有容乃大"语出民族英雄林则徐的一副自勉联："海纳百川，有容乃大；壁立千仞，无欲则刚。"林则徐任两广总督时，自撰此联并悬于政事堂。习近平引用"海纳百川，有容乃大"，表达了中国和东盟国家人民相互学习、相互借鉴、相互促进的信念。

　　林则徐（1785~1850），福建侯官（今福州市）人，字元抚，又字少穆、石麟，晚号竢村老人，是清代著名的政治家、思想家和诗人。曾任湖广总督、陕甘总督和云贵总督，两次受命钦差大臣。因其主张严禁鸦片，抵抗西方列强侵略，在中国有"民族英雄"之誉。

　　"海纳百川"者，《庄子·秋水篇》有："天下之水莫大于海，万川归之。"东汉许慎《说文解字》有："海，天池也，此纳百川者。"晋代袁宏《三国名臣序赞》："形器不存，方寸海纳。"李周翰注："方寸之心，如海之纳百川也，其言包含广也。""有容乃大"出自《尚书·君陈》："尔无忿疾于顽。无求备于一夫。必有忍，其乃有济。有容，德乃大。"

　　"海纳百川，有容乃大"是说：大海可以容纳千百条河流，因为大海拥有这样宽广的胸怀，所以是最伟大的。人也要心胸宽广才能变得伟大。"壁立千仞，无欲则刚"的意思是：悬崖峭壁能够直立千丈，是因为没有欲望向其他方向倾倒。所以做人做事要放弃自己的私欲，才能坚韧不拔。

"海纳百川，有容乃大"，做人如此，治国亦如此，国际交往中更是如此。1955 年，周恩来在亚非万隆会议上提出"求同存异"的外交方针。"求同"就是寻找共同思想、共同要求、共同利益，是构建和谐的基础；"存异"就是保留不同观点、不同主张、不同利益，是构建和谐的条件。习近平在印度尼西亚国会的演讲中所提出的"海纳百川，有容乃大"，正是对于"求同存异"精神的张扬。

中国与东盟各国的友好关系源远流长，尤其是 2002 年 11 月，中国与东盟 10 国领导人签署了《中国与东盟全面经济合作框架协议》，决定到 2010 年建成中国—东盟自由贸易区，正式启动中国—东盟自贸区的建设进程，使中国与东盟的关系进入了一个新的发展阶段。十多年来，中国与东盟各国在政治、经济、社会文化等多个领域的合作不断深化和拓展，促进了双方的共同发展。

习近平在讲话中指出："我们要积极借鉴其他地区发展经验，欢迎域外国家为本地区发展稳定发挥建设性作用。同时，域外国家也应该尊重本地区的多样性，多做有利于本地区发展稳定的事情。"这句话表明：对于域外国家挑拨分化中国和东盟关系的行为，要有所警惕。一直以来，中国奉行"和平发展"的原则，但中国国力的不断增加，使得某些国家对中国抱有怀疑甚至敌对态度，认为中国的发展是一种威胁，并试图以此分化中国与周边国家的关系。所以，习近平的讲话引用"海纳百川，有容乃大"，也是对"中国威胁论"

的一种回应。

　　中国一贯主张与周边国家实现共同发展、共同繁荣。要实现这一点，就要"有容乃大"，"容"的不仅是多样性区域中各种文明的异同，更是发展中国家的发展与进步。中国—东盟命运共同体和东盟共同体、东亚共同体息息相关，应发挥各自优势，实现多元共生、包容共进，才能共同造福于本地区人民和世界各国人民。

"浩渺行无极，扬帆但信风。"亚太是我们共同发展的空间，我们都是亚太这片大海中前行的风帆。

——2013 年 10 月 7 日，习近平在亚太经合组织工商领导人峰会上的演讲

浩渺行无极，扬帆但信风

——亚太伙伴有共同的发展空间

2013 年亚太经合组织工商领导人峰会的主题为"走向活力和增长"，呼吁亚太经合组织各经济体在实现全球经济复苏的道路上，重点关注全球工商业的重要性，并致力于实现包容性与可持续发展。习近平在峰会上发表题为《深化改革开放，共创美好亚太》的主旨演讲，引用了"浩渺行无极，扬帆但信风"的诗句，来表达对亚太地区美好未来的抒怀，贴切即景，意味深远。

"浩渺行无极，扬帆但信风"出自《送朴山人归新罗》，是唐朝末年湖北荆门诗僧尚颜写的一首赠别诗。全诗是：

送朴山人归新罗

浩渺行无极，扬帆但信风。

云山过海半，乡树入舟中。

波定遥天出，沙平远岸穷。

离心寄何处，目断曙霞东。

这首诗首联表达了诗人对友人在辽阔无际的大海上扬帆远航、一路顺风的美好祝愿。中间两联很巧妙地为友人描绘出一幅即将欣赏到的海上风光图。尾联则寄托了诗人对友人依依不舍的深厚友谊。

中国古代有诸多送别诗，而习近平引用唐代诗僧尚颜赠别邻邦友人朴山人的诗，表达中国与亚太经合组织各成员国之间的关系，尤显贴切。因为这首诗不仅饱含着朋友间的深情厚谊，更体现了中国自古以来和邻国友邦的友好关系。

从位于印度洋的巴厘岛远眺东北，是浩渺湛蓝的太平洋。习近平站在巴厘岛上引用这句诗，像是即景抒情。在辽阔无垠的大海中航行，既要放宽眼界、辨明方向、找准航标，又要凭借风势，扬帆前行，才能顺利、快速地抵达目的地。亚太经合组织各国的发展之路，也要放宽视野，向着良性互动、协调发展的共同目标，同舟共济、扬帆远航。

巴厘岛是中外经济文化交流的一个历史见证。明代航海家郑和下西洋，为巴厘岛带去了各种精湛手工艺术，促进了岛上经济的繁荣，岛上至今仍可以见到许多郑和下西洋时留下的印记。600年前的郑和下西洋，不仅带动了中外经济交流与发展，推动了中国和太平洋、印度洋沿岸各国的经济发展，更是奉行"共享太平之福"的对外政策，发展了中国与亚非各国的友好关系。在巴厘岛，习近平以"浩渺行无极，扬帆但信风"畅谈亚太未来发展，更是意义非凡。

在浩渺无极的世界经济环境中，亚太伙伴们要信风扬帆，携手同心，共同创建引领世界、惠及各方、造福子孙的美好亚太。这是习近平提出的美好愿景，也是亚太各国可以实现的美好明天。

"物必先腐，而后虫生。"近年来，一些国家因长期积累的矛盾导致民怨载道、社会动荡、政权垮台，其中贪污腐败就是一个很重要的原因。大量事实告诉我们，腐败问题越演越烈，最终必然会亡党亡国！我们要警醒啊！

　　——2012 年 11 月 17 日，习近平在十八届中央政治局第一次集体学习时的讲话

物必先腐，而后虫生

——清除腐败滋生的土壤

"物必先腐，而后虫生"出自《荀子·劝学》："肉腐出虫，鱼枯生蠹。"意思是肉腐烂了就会生蛆，鱼干枯了也会生虫。宋代苏轼所著《范增论》说："物必先腐也，而后虫生之。"意思是东西总是自身先腐烂，然后虫子才可以寄生。习近平引用"物必先腐，而后虫生"，警示腐败是党和国家灾难的重要源头，领导干部洁身自好，务实清廉，才是党和国家长久发展的基础。

《劝学》是《荀子》的首篇。"劝学"乃鼓励学习。本篇较系统地论述了学习的理论和方法。荀子认为，学习可以增长知识才干，修养品德，全身远祸；正确的学习态度是持之以恒，专心致志；要学习儒家经典，同时要善于向贤者求教，也要善于教人；学习要善始善终，切忌半途而废，以期达到完全而纯粹的精神境界。《范增论》是苏轼早期的史论，文中苏轼对范增是否该离去，以及什么时候离去表达了自己的观点，展现了苏轼对历史人物和历史事件的独到见解。这两篇都是中国历史上的经典之作，具有巨大的传世价值。

"物必先腐，而后虫生"，是先贤对事物发展的真切见解，符合唯物辩证法的原理：在事物发展过程中，外因是变化的条件，内因是变化的根据，外因通过内因而起作用。苍蝇不叮无缝的蛋，祸患的发生，总是内部的原因在起决定作用。某些党的干部腐化堕落，首先是从自身的蜕变开始的，或恋权，或贪钱，或好色，或嗜酒，或使气，忘乎所以，欲壑难填，就会以权谋私，不能自已，违纪犯法，最终落得身败名裂。

当今社会经济快速发展，也使部分人价值观扭曲，不少领导干部不能抵御各种利益诱惑，贪图享乐，不自觉地滑向了腐败的深渊。因此，坚定信念、落实行动就成为领导干部杜绝腐败、务实清廉的要义。

一方面，要认真学习，树立正确的世界观、人生观、价值观，牢记为人民服务的宗旨，真正做到"权为民所用，利为民所谋，情为民所系"，如此，才能在物欲横流、灯红酒绿面前"脸不变色心不跳"，挺直革命脊梁，永葆革命本色。否则，不思进取，疏于学习，政治意识淡化，价值观念错位，灵魂扭曲，最终会腐败堕落成为历史的罪人。

另一方面，党和人民赋予干部的权力，是为人民谋福利的工具和手段，公权必须公用，而决不能用来谋取一己之私。权力是把双刃剑，尽心尽责为民，"不敢越雷池一步"，小心翼翼，如履薄冰，做到一身正气，两袖清风，就会得到人民的拥戴。反之，私欲熏心，挥舞权杖，巧取豪夺，贪赃枉法，必将自毁前程，跌入万丈深渊。

"物必先腐，而后虫生"，个体如此，一个政党也是如此。只有清除党内腐败滋生的土壤，保证党自身肌体的健康，才能抵制外部的侵蚀。因此，作为党员干部个人，要提高修养，廉洁自律；作为执政党和人民政府，要完善体制，加强法治，堵住漏洞，使腐败无处滋生。如此，"物"必不腐，"虫"亦难生！

坚持群众路线，就要坚持全心全意为人民服务的根本宗旨。"政之所兴在顺民心，政之所废在逆民心。"全心全意为人民服务，是我们党一切行动的根本出发点和落脚点，是我们党区别于其他一切政党的根本标志。

——2013 年 12 月 26 日，习近平在纪念毛泽东同志诞辰 120 周年座谈会上的讲话

政之所兴在顺民心，政之所废在逆民心

——为人民服务是党的根本宗旨

"政之所兴在顺民心，政之所废在逆民心"语出《管子·牧民》，原文为："政之所兴，在顺民心；政之所废，在逆民心。民恶忧劳，我佚乐之；民恶贫贱，我富贵之；民恶危坠，我存安之；民恶灭绝，我生育之。能佚乐之，则民为之忧劳；能富贵之，则民为之贫贱；能存安之，则民为之危坠；能生育之，则民为之灭绝。"

习近平引用"政之所兴在顺民心，政之所废在逆民心"，意在说明人心向背是决定一个政党、一个政权兴衰的根本因素，强调党要坚持以全心全意为人民服务作为一切行动的根本出发点和落脚点，以是否让人民群众满意为衡量工作好坏的标准。

管子，名夷吾，又名敬仲，字仲，是春秋时期齐国著名的政治家、军事家，属于法家学派。他辅佐齐桓公改革内政外交，制定了一系列富国强兵的方针策略，被齐桓公尊称为"仲父"。《管子》托名管仲，实际是诸子时代一部内容庞杂、非一人一时所作、百科全书式的巨著。《牧民》为《管子》第一篇，集中反映了管子的政治思想和治国理论。

管子是中国历史上最早提出"以民为本"思想的政治家，他主

张统治者要顺民心、量民力、利民生，因为"政之所兴在顺民心，政之所废在逆民心"，即政令能否得到推行，就在于其能否顺应民心民意。统治者只有顺应民心民意，才能得到人民的拥护支持，而要顺应民心，首先要了解民情、关心民众疾苦。

在《牧民》中，管子对百姓之"恶"与"欲"的心理分析非常透彻到位，他看到了百姓"恶忧劳"、"恶贫贱"、"恶危坠"、"恶灭绝"，即老百姓嫌恶忧苦劳累、贫困低贱、危难灾祸、灭种绝后，那么统治者在制定治国方针政策时，就要顺应老百姓的这些心理，给予百姓安逸快乐、富足显贵、生存安定。百姓的利益得到保障，他们就会愿意与国家同甘共苦，为国家赴汤蹈火。

中国共产党代表的是广大人民群众的根本利益，其根本宗旨就是全心全意为人民服务。所谓全心全意为人民服务，就是想人民所想，急人民所急，着力解决人民群众最关心、最直接、最现实的利益问题，满足人民的需要，提高人民的生活水平，让老百姓过上安心、舒心、顺心的幸福生活。民心顺则事业兴，民和则国和，民安则国安。中国共产党1921年成立后，之所以在短短28年时间里，能迅速崛起强大，取得国家政权，就是因为它顺应历史潮流，赢得了民心。新中国成立60多年来，虽然历经坎坷，但是一次次战胜困难，经受住考验，依靠的也是人民的力量。应该说，中国共产党90多年的历史，又一次证明了"政之所兴，在顺民心"这个亘古不变的道理。党和政府历来把民生问题放在重要位置，中共十八大报告指出："提高人民物质文化生活水平，是改革开放和社会主义现代化建设的根本目的。"十八大闭幕后，习近平在新一届常委同记者的见面会上，就明确表示："新的领导集体的重大责任，就是对人民的责任。"他深切地感受到人民的期待，那就是希望有更好的教育、更稳定的工作、更满意的收入、更可靠的社会保障、更高水平的医疗卫生服务、更舒适的居住条件、更优美的环境。为此他庄严地承诺：人民对美好生活的向往，就是我们的奋斗目标。

全面建成小康社会，实现中华民族伟大复兴，从根本上来说，就是努力让人民过上更好的生活。故而，能否知民意，顺民心，聚民心，让老百姓过上幸福生活，既是我们一切工作的根本目的，也是衡量党和政府各级部门执政为民是否落实到位的试金石。"政之所兴在顺民心，政之所废在逆民心"，只有坚持把保障和改善民生作为一切工作的出发点和落脚点，视人民群众的利益为根本利益，让改革开放的成果惠及广大人民群众，才能得到人民群众的真正拥护。

"见善如不及，见不善如探汤。"领导干部要心存敬畏，不要心存侥幸。

　　——2014 年 1 月 14 日，习近平在十八届中央纪委三次全会上的讲话

见善如不及，见不善如探汤

——领导干部要心存敬畏之心

"见善如不及，见不善如探汤"语出《论语·季氏》，原文为："子曰：'见善如不及，见不善如探汤；吾见其人矣，吾闻其语矣。隐居以求其志，行义以达其道；吾闻其语矣，未见其人也。'"意思是："见到善的，要努力追求，唯恐赶不上；看到邪恶之事，就要像把手伸到滚烫开水中一样赶快避开。我看到过这样的人，也听过这样的话。用隐居的方式来保全自己的志向，用做义事来贯彻自己的主张。我听到过有人说这样的话，却没有看到过这样的人。"

《论语》作为儒家经典，是记录春秋末期孔子和其弟子言行的书。《季氏》是论语中的第十六章，主要记录了孔子及其弟子们的政治活动，与人结交的原则，以及著名的君子三戒、三畏和九思等关于个人道德修养的学说。

孔子在原文中论及的是两种人生态度：前者是洁身自好、独善其身；后者则如孟子所说的"穷则独善其身，达则兼善天下"，在孔子看来，后者是更难达到的境界。在孔子眼里，"见善如不及，见不善如探汤"与"见贤思齐焉，见不贤而内自省也"，讲的都是修身养德，但其所展现的"趋利避害"的境界要更深切，尤其是对"不善"

的敬畏与自律程度更高。因此，习近平在十八届中央纪委三次全会上引用"见善如不及，见不善如探汤"，为"高压反腐"提出心理警戒，确实意味深长，极具现实针对性。

"见善如不及，见不善如探汤"，意味着首先要对是非、善恶、真伪具有高度的敏锐性和极强的洞察力，这种敏锐性和洞察力来自"吾日三省吾身"的道德修养，因为日日"省"，才能看得清自身与"善"、"贤"之距离，并以"善"与"贤"为自己学习的榜样；才能认得清何为"不善"，并对之时时保持警惕而不越雷池。

习近平以"见善如不及，见不善如探汤"告诫领导干部要"心存敬畏"。如果说"见善如不及"是"内修"，那么"见不善如探汤"则是以"内修"为前提的自律，因为只有在"见善如不及"的自我要求下，才可能对"不善"产生足够的警惕。领导干部大都拥有各种权力，会面对权力、地位、金钱甚至美色各种诱惑，一个领导干部只有有了对"不善"的敬畏之心，真正明白权力是人民赋予的，是用来为百姓谋利而不是用来满足自己的私利、私欲，才能在权力面前自念"紧箍咒"，在金钱面前自设"高压线"，在美色面前自筑"防火墙"。

敬畏使人自律，领导干部只有敬畏权力，敬畏制度，才能常怀律己之心，自觉接受监督，正确行使权力，不做违法乱纪之事，不取不义之财，不沾不正之风。中央以"刮骨疗毒"、"壮士断腕"之果敢和决心反腐倡廉，以"老虎"、"苍蝇"一起打的重拳出击，警示大家：失去对权力制度之敬畏，视党纪国法于无物，必将走向腐败之深渊。

让每一个干部都能做到"见善如不及，见不善如探汤"，用敬畏取代侥幸，让腐败成为每一个领导干部双手前的沸水，心中时时有警惕之心。这样的效果不是一朝一夕可以达到的，但这是我们不断努力的目标。相信只要不断努力，对腐败零容忍，做到"抓早抓小，有病就马上治，发现问题就及时处理，不能养痈遗患"，"吾见其人矣，吾闻其语矣"的日子就一定能到来。

全党同志要深刻认识反腐败斗争的长期性、复杂性、艰巨性，以猛药去疴、重典治乱的决心，以刮骨疗毒、壮士断腕的勇气，坚决把党风廉政建设和反腐败斗争进行到底。

——2014 年 1 月 14 日，习近平在十八届中央纪委三次全会上的讲话

刮骨疗毒，壮士断腕

——把反腐败斗争进行到底

2014 年 1 月 14 日，习近平在十八届中央纪委三次全会上发表重要讲话，他用"猛药去疴、重典治乱"、"刮骨疗毒、壮士断腕"来表示坚持党风廉政建设和反腐败斗争的勇气、决心与信心。

"刮骨疗毒"出自晋代陈寿《三国志·蜀书·关羽传》："羽尝为流矢所中，贯其左臂，后创虽愈，每至阴雨，骨常疼痛。医曰：'矢镞有毒，毒入于骨，当破臂作创，刮骨去毒，然后此患乃除耳。'羽便伸臂令医劈之。时羽适请诸将饮食相对，臂血流离，盈于盘器，而羽割炙引酒，言笑自若。""刮骨疗毒"后常被用来作为形容意志坚强不惧疼痛的典范。

"壮士断腕"出自《三国志·魏书·陈泰传》："古人有言，蝮蛇螫手，壮士解其腕。"蝮蛇有剧毒，如臂腕被咬伤，就应该立即截断，以免毒性扩散至全身。常用来比喻做事在关键时刻要当机立断。

无论是"刮骨疗毒"还是"壮士断腕"，都是在面临自身肌体受到毒素侵袭时，勇敢果断地进行治疗，以牺牲局部来保全自身，显示了向自己开刀的果敢气概。如果说"刮骨疗毒"还是借助于医者的手术刀，"壮士断腕"则是自断臂膀，需要更大的勇气与胆识。

习近平在十八届中央纪委三次全会上发表的讲话引用"刮骨疗毒"和"壮士断腕"，有三个层面的含义。

其一，贪赃枉法、贪污腐败是危害党的"毒"。如果任由其发展而不处理，不能建立有效的反腐机制，腐败之毒就会入骨，就会危及党的形象，甚至危及党的生命。

其二，腐败之毒存在于党的骨、臂之中，要正视腐败现象的存在。要解决问题，就要正视问题的存在。习近平说："滋生腐败的土壤依然存在，反腐败形势依然严峻复杂，一些不正之风和腐败问题影响恶劣、亟待解决。"面对危及党和国家肌体健康的腐恶与毒瘤，绝不能讳疾忌医。

其三，要去除腐败之毒，就要像关羽和壮士一样，以刮骨疗毒、壮士断腕的勇气与决心，举起"手术刀"，果断清除大小"毒瘤"，保证肌体的健康、队伍的纯洁，以捍卫共产党人为民务实清廉的政治基因。

中共十八大以来，如果说践行八项规定、开展群众路线教育实践活动剑指"四风"是防微杜渐，那么"老虎"、"苍蝇"一起打则是确确实实的"刮骨疗毒""壮士断腕"，从中可以看到党中央从严治党、从严治军，以零容忍态度惩治腐败的坚定决心。十八大以来落马的省部级以上高官已近 40 人，国企高管也超过 50 人，2014 年 5 月前就查办了县处级以上国家工作人员 1 577 人，他们就像侵袭入骨的"毒素"、被恶毒感染的"臂膀"，对他们依法惩治，显示了中国共产党人不仅有"刮骨疗毒"、"壮士断腕"的果敢，更有化毒去疾、自我净化，保证肌体健康、队伍纯洁的能力。唯有这样，我们的党才会更富有活力，才能更加焕发出勃勃生机，我们的国家和社会才能实现公平正义与和谐发展。

提到中央八项规定精神，大家有希望也有担心。目前，首先要把这一步继续抓好，起"徙木立信"的作用。这件事情要牢牢抓住，善做善成，才能做其他的事情。

——2014 年 3 月 5 日，习近平在参加全国两会上海代表团审议时的讲话

徙木立信

——作风建设要落到实处，取信于民

2014 年全国两会期间，习近平参加了上海代表团的审议会。在会上，花蓓代表就认真贯彻中央八项规定精神、切实加强作风建设提出建议。习近平在回应花蓓的讲话中，引用了"徙木立信"的典故。

"徙木立信"出自汉代司马迁《史记·商君列传》："孝公既用卫鞅，鞅欲变法，恐天下议己……令既具，未布，恐民之不信，已乃立三丈之木于国都市南门，募民有能徙置北门者予十金。民怪之，莫敢徙。复曰：'能徙者予五十金。'有一人徙之，辄予五十金，以明不欺。卒下令。"

"徙木立信"讲的是商鞅变法时的一个故事。商鞅是战国时代著名的政治家和改革家，乃卫国国君的后裔，姬姓公孙氏，故原称卫鞅、公孙鞅。后因在河西之战中立功获封商于十五邑，号为商君，故又称之为商鞅。商鞅通过变法，将秦国改造成强盛之国，史称"商鞅变法"。秦孝公即位后，决定改革强国，下令招贤。商鞅由魏入秦，受到重用。他想要变法，但又担心天下人非议自己，于是在法令拟定尚未发布时，为取信于百姓，在国都市场的南门立起一根高三丈的木柱，以十金招募能把这根木柱从南门移到北门的人。百姓觉得这件事很奇怪，没有一个人敢去搬木柱。于是商鞅又说："能够搬走这木柱的人，奖赏五十金。"有一人就来搬了木柱，商鞅立即奖赏五十金，以证明自己有信用，不会欺骗百姓。"徙木立信"就被用来表示发布政策要说到做到，取信于民。

同为改革家的北宋王安石，曾写过一首诗赞扬商鞅变法："自古驱民在信诚，一言为重百金轻。今人未可非商鞅，商鞅能令政必行。"用的就是徙木立信的典故。王安石对商鞅的盛赞，不免隐含有自己壮志未酬的惆怅，因为他同样在北宋实施变法、推行新政，但是未能如商鞅般"政必行"。

任何政令制度如果得不到有效执行，最终只是一纸空文。当年商鞅为了使"政必行"，采取了两项措施：其一就是"徙木立信"，取信于民；其二是对反对新法者严惩不贷，尤其是对权贵。有令出即行的决心，还有能够保证政令畅通的手段，才能保证"政必行"。

中共中央的八项规定，是在 2012 年 12 月 4 日政治局会议上通过的。此时十八大闭幕不久，中央制定这一规定，目的是回应老百姓最关注的党的作风问题，以期通过改进领导干部工作作风，而且首先要求中央政治局身体力行，重整党在人民群众心中的形象。八项规定反映了新一届中央领导集体对自己的执政要求，也是中国共产党对全国人民发出的从严治党的庄严承诺。

八项规定实施以后，取得了切实的成效，赢得了群众一片叫好之声。但是，也有群众对这一规定能否长期执行怀有疑虑。因为过去党对领导干部的工作和生活权限，制定过许多"负面清单"，但在执行中，或雷声大雨点小；或上有政策，下有对策，得不到有效执行；或实行一段时间后，往往虎头蛇尾，不了了之，被束之高阁。这种情况多了，不仅失去了"规定"的权威性，而且会失去群众的信任。这也是花蓓代表建议从源头上、制度上持续巩固和推进八项规定实施以来取得成效的背景。

习近平回应花蓓代表的建议时表示，要让中央的八项规定起到"徙木立信"的作用，就是要让这庄严承诺如同准备变法的商鞅一样，令出必行，让群众看到决心，取得群众的信任。

一个人要"言必行"，一个国家要"政必行"，关键在落实，在执行。我们有各种各样的纪律，但是为什么有些人就把纪律当成"稻草人"，不在乎？就是因为执行得不好，常常重"立法"而轻"执法"。现在，从习近平要让八项规定起到"徙木立信"作用的表态中，我们看到了中央在反腐倡廉问题上，如当年商鞅变法时那种"能令政必行"的果敢，那种"令下如山"、说到做到的气魄。

学史可以看成败、鉴得失、知兴替；学诗可以情飞扬、志高昂、人灵秀；学伦理可以知廉耻、懂荣辱、辨是非。

——2013 年 3 月 1 日，习近平在中央党校建校 80 周年庆祝大会暨 2013 年春季学期开学典礼上的讲话

鉴得失，知兴替

——学习历史，以史为鉴

"鉴得失、知兴替"出自《新唐书·魏征传》，原文为："以铜为鉴，可正衣冠；以古为鉴，可知兴替；以人为鉴，可明得失。""鉴"乃镜子，意思是说，以铜作镜子，可以使人的衣冠整齐；以历史作镜子，可以知道历史上的兴盛衰亡；以别人作自己的镜子，可以知道自己的得失。习近平引用"鉴得失、知兴替"，鼓励领导干部学习历史文化，汲取人类文明精华。

《新唐书》是北宋时期欧阳修、宋祁、范镇、吕夏卿等合撰的一部记载唐朝历史的纪传体断代史书，"二十四史"之一。"列传"谓叙列人臣事迹，令可传于后世。魏征是唐朝著名政治家，以性格刚直、才识超卓、敢于犯颜直谏著称。为了维护和巩固李唐王朝的封建统治，曾先后陈谏200多事，劝诫唐太宗以历史教训为鉴，居安思危，励精图治，任贤纳谏。此语乃唐太宗在痛失魏征之后的感叹。

"史，记事者也。"历史是一个民族、一个国家形成发展以及盛衰兴亡的真实记录，是一代代人积累的各种知识、经验和智慧的总汇。因而历史是"前车之鉴"，前人之得，可以效仿学习；前人之史，可以引以为戒。俄国哲学家赫尔岑说："充分地理解过去——我们可以弄清楚现状；深刻认识过去的意义——我们可以揭示未来的意义；向后看——就是向前进。"美国著名未来学家阿尔文·托夫勒曾说："如果我们不向历史学习，我们就将被迫重演历史。"这些名言都是从不同角度强调学习历史的重要性：知史而后兴。

唐太宗之所以成就了"贞观之治"，一个重要的原因是他明白"鉴得失、知兴替"的重要性，善于总结和吸取历史经验，善于听取别人的正确意见。

习近平在多种场合强调要把读书作为一种健康的生活方式。作为国家的最高领导人，习近平能在日理万机的工作之余经常抽出时间读书，并成为一种生活方式，实为各级领导干部学习的典范。而中央政治局集体学习制度更是对中国共产党重视学习、勤于学习、善于学习优良传统的继承和发扬。

习近平的这段讲话，实际上是回答我们为什么要学习历史文化，是就学习历史、诗歌、伦理等传统文化知识的社会功能与价值判断所做的精辟论述。学习历史，是培养一个人对历史与现实的认识和批评能力；学习诗歌，是提高一个人对美好事物、美好情感的感受和鉴赏能力；学习伦理，则是让人明白人与人、人与社会之间应该遵循的道德礼仪准则。

作为领导干部，在当今全球化背景之下，需要了解的不仅仅是本国的历史文化，因为国际化的大环境决定了我们的领导干部应该是有世界眼光、能吸取全人类文明优秀成果的人。不同国家的历史文化，既可以让人具有理解、包容和尊重异质文化的宽阔胸怀，也为我们认识自己的文化传统提供全新的视角。

如果一个领导干部，既对民族传统文化的继承和发扬、对本土文化的创新和发展有独立的思考，又具有与世界上不同文化平等对话的勇气和底气，那他就能够真正具有世界眼光和天下情怀，就能在激烈的国际竞争环境中立于不败之地。

只有加强学习，才能增强工作的科学性、预见性、主动性，才能使领导和决策体现时代性、把握规律性、富于创造性，避免陷入少知而迷、不知而盲、无知而乱的困境，才能克服本领不足、本领恐慌、本领落后的问题。否则，"盲人骑瞎马，夜半临深池"，虽勇气可嘉，却是鲁莽和不可取的，不仅不能在工作中打开新局面，而且有迷失方向、落后于时代的危险。

——2013 年 3 月 1 日，习近平在中央党校建校 80 周年庆祝大会暨 2013 年春季学期开学典礼上的讲话

盲人骑瞎马，夜半临深池

——增强工作的科学性、预见性和主动性

"盲人骑瞎马，夜半临深池"出自南朝宋·刘义庆《世说新语·排调》第六十一条。原文为："桓南郡与殷荆州语次，因共作了语。顾恺之曰：'火烧平原无遗燎。'桓曰：'白布缠棺竖旒旐。'殷曰：'投鱼深渊放飞鸟。'次作危语。桓曰：'矛头淅米剑头炊。'殷曰：'百岁老翁攀枯枝。'顾曰：'井上辘轳卧婴儿。'殷有一参军在坐，云：'盲人骑瞎马，夜半临深池。'殷曰：'咄咄逼人！'仲堪眇目故也。"

"排调"是戏弄嘲笑之意。《世说新语·排调》篇记载了许多有关排调的小故事，其中包括嘲笑、戏弄、讽刺、反击、劝告，也有亲友间的开玩笑，体现出当时人们在交往中的聪明机智、善于应对。语带玄机、言要味长，是魏晋风度的重要内容。

几个文人在一起讨论什么情况最危险，其中一个人举出这样的例子："盲人骑瞎马，夜半临深池"，意思是一个盲人骑着一匹瞎马，半夜走在路上，而路的前方是深池。这句话正是形容盲人面临一种极其危险的情势，可是自己却仍然处于不自知的情况。

习近平引用"盲人骑瞎马，夜半临深池"，旨在强调领导干部要

加强学习，切勿无知无畏、乱闯瞎撞，面临险境而不自知。

习近平在中央党校建校 80 周年庆祝大会暨 2013 年春季学期开学典礼上的讲话中引用这一语句，是有针对性的，点明了领导干部不读书、不学习的危险性，好似"盲人骑着瞎马"，在这种"不自知"、"不自觉"情形下作决策，往往将陷入"少知而迷、不知而盲、无知而乱"的困境。

中国共产党成立以来，在每个关键时期，都会根据历史任务的变化，强调全党的学习。民主革命时期，党的主要成分是农民而不是马克思所说的先进的产业工人，但是，党通过不断加强党员的学习，保持了无产阶级政党的先进性，获得了民主革命的领导权。在第二次国内革命战争时期，面对教条主义者所指责的"山沟沟里面怎么出马克思主义"，毛泽东千方百计收集马列书籍，并发奋读书。1932 年红军打下漳州，他找到了一本恩格斯的《反杜林论》，如获至宝，爱不释手，有时因病躺在担架上还在阅读。正是通过学习，中国共产党提高了斗争能力，并成为民主革命的领导者。

新中国成立前夕，毛泽东号召全党重新学习，因为"严重的经济建设任务摆在我们面前。我们熟悉的东西有些快要闲起来了，我们不熟悉的东西正在强迫我们去做"。"我们必须学会自己不懂的东西"，"恭恭敬敬地学，老老实实地学"。正是通过学习，中国共产党掌握了发展经济、领导国家建设的能力。

当前我国已进入新的发展阶段，改革发展稳定的任务艰巨繁重，新情况、新问题、新矛盾不断涌现。同时，我们所处的时代，又是一个所谓"信息爆炸"的时代，或者说是一个"大数据"的时代，知识更新乃至创新的速度，大大加快。如果我们不加强学习，就会落后于时代，甚至寸步难行。如果"凭脑袋决策"，鲁莽行事，必然是"夜半临深池"。不学历史，将不知历史之进程，事业之伟大；不学科学，不知天地之壮阔，气象之万千；不学古今之贤达，不知人格之高洁，不懂"高山仰止，景行行止"。只有加强学习，才能增强工作的科学性、预见性、主动性，才能使领导和决策体现时代性、把握规律性、富于创造性。

领导干部学习不学习不仅仅是自己的事情，本领大小也不仅仅是自己的事情，而是关乎党和国家事业发展的大事情。这也就是古人所说的"学者非必为仕，而仕者必为学"。

——2013 年 3 月 1 日，习近平在中央党校建校 80 周年庆祝大会暨 2013 年春季学期开学典礼上的讲话

学者非必为仕，而仕者必为学

——干部学习关乎党和国家事业发展

"学者非必为仕，而仕者必为学"出自《荀子·大略》第二十七篇。原文为："君子进，则能益上之誉而损下之忧。不能而居之，诬也；无益而厚受之，窃也。学者非必为仕，而仕者必如学。"习近平在讲话中引用"学者非必为仕，而仕者必为学"，强调领导干部加强学习的重要性。

荀子是战国末期的思想家、教育家，也是儒家重要代表人物之一，他既继承了孔子的思想，又发展了孔子的思想，是战国末期儒家思想的集大成者。据考证，《大略》是荀子的学生摘录和整理荀子的言论汇集而成，因为内容庞杂，涉及面广，"皆略举其要，不可以一事名篇，故总谓之《大略》也。"《大略》被誉为《荀子》中的"论语"。

"学者非必为仕，而仕者必如学"，是说有学问的人不一定都要去做官，但为官者必须要努力学习。此语令人想到中国封建社会根深蒂固的"学而优则仕"的观念。其实"学而优则仕"出自荀子的祖师爷孔子的高足子夏之口，原话为："仕而优则学，学而优则仕。"但后世尤其是科举制出现之后，大多数中国人从功利主义出发，直接将其省略为"学而优则仕",进而望文生义地将其曲解为"读书做官论"。其实这里的"优",并非我们通常理解的"优秀、好"的意思,而是"有余力"之意。所以,"仕而优则学,学而优则仕",翻译成白话文,意思应该是:"做官还有余力的人就可以去学习,学习有余力的人就可以去做官。"这句话是对孔子教育方针和办学目标的高度概括,体现了孔子强烈的入世精神。这里所谓的"学",不是简单的知识学问,还有道德修养。在孔子看来,个人的学问修养是"出仕"的基础,因而,为官从政者,有精力和时间,就应该潜心学习,不断提高自身修养;而个人的知识学问及道德修养达到有余力的情况下,则可为官从政。

由此可见,荀子和孔子一样,强调的都是"学"是"仕"的前提和基础。为官从政不是为学的唯一目标,但是为官者却不能自以为达到了目的就停止"为学",反而要继续学习、提高修养,方可实现"齐家治国平天下"的理想。如果才学不胜而享厚俸,则无异于行骗盗窃。

创建于1933年的中央党校,是培养中国共产党中高级领导干部和马克思主义理论干部的最高学府。习近平在中央党校建校80周年庆祝大会上以"学者非必为仕,而仕者必为学"来勉励领导干部,很有深意。

在如今这个知识经济时代,科技发展日新月异,知识更新速度前所未有,不但"外行"很难领导内行,即使是"内行"也需要终身学习方可跟上时代步伐,如果仅满足于原有的知识积累,将很快被时代所淘汰。

这里，我们不能把"学习"狭义地理解为学习知识，而应该广义地理解为全面提高自身修养。因为一个人精神上的空虚，比知识的欠缺更加可怕，他在面对社会上的种种负面诱惑时，将缺乏抵挡诱惑的定力。如果说个人的知识修养水平将影响其个人的前途命运，那么广大领导干部的知识修养水平将影响到整个国家民族的前途命运。这也就是中共十八大报告提出"建设学习型、服务型、创新型的马克思主义执政党"时，将"学习型"放在首位的原因。

有了学习的浓厚兴趣，就可以变"要我学"为"我要学"，变"学一阵"为"学一生"。学习和思考、学习和实践是相辅相成的，正所谓"学而不思则罔，思而不学则殆"。你脑子里装着问题了，想解决问题了，想把问题解决好了，就会去学习，就会自觉去学习。

——2013年3月1日，习近平在中央党校建校80周年庆祝大会暨2013年春季学期开学典礼上的讲话

学而不思则罔，思而不学则殆

——学习和思考要相辅相成

"学而不思则罔，思而不学则殆"出自孔子《论语·为政》。习近平在中央党校开学典礼上的讲话中引用"学而不思则罔，思而不学则殆"，阐述学习与思考、实践的普遍联系与重要关系。

孔子是春秋末期的思想家、教育家，儒家思想的创始人。他一生传道、授业、解惑，被尊称为"至圣先师，万世师表"。孔子去世后，其弟子及再传弟子把孔子及其弟子的言行语录和思想记录下来，整编为著名的儒家学派经典《论语》。《论语》全书共二十篇，内容涉及政治、教育、文学、哲学以及立身处世的道理等多方面，为语录体，与《大学》、《中庸》、《孟子》并称"四书"。

"学而不思则罔，思而不学则殆"，是说学习而不知道思考，就会惘然无知而没有收获；只空想而不读书学习，就会心中充满疑惑而无定见。我们可以把这句话视为孔子所提倡的一种读书方法。一味读书而不思考，就会被书本牵着鼻子走，而失去主见，所谓尽信书不如无书，即为此意。而如果一味空想而不去进行实实在在的学习和钻研，则终究是沙上建塔，一无所得。只有把学习和思考结合起来，才能学到切实有用的真知。

领导干部要真正学有所得，就必须下一番苦功夫。我们的先人有许多勤学苦读的动人故事，如悬梁刺股、凿壁偷光、囊萤映雪等故事，一直传为美谈，这种刻苦学习的精神值得记取。习近平引用"学而不思则罔，思而不学则殆"这句话，旨在阐明学习与思考、勤学与善思是相互联系和相辅相成的，不可把两者割裂开来。

领导干部的学习不能教条主义，要做到勤学与善思相辅相成。有些人在对马克思主义问题上采取教条主义态度，把马克思主义当作包治百病的药方和标签贴到各种事物上去，而不去思考如何联系实际问题、解决实际问题。对于这种倾向，马克思和恩格斯都曾经提出严厉的批评。马克思说："关于这种马克思主义，我只知道我自己不是马克思主义者。"而恩格斯讥讽道："马克思大概会把海涅对自己的模仿者所说的话转送给这些人：'我播下的是龙种，而收获的却是跳蚤'。"

领导干部在学习过程中，要结合工作实际，脑子里经常装几个问题，着眼于对实际问题的理论思考。用毛泽东的话来说，叫"有的放矢"，而不能搞形式主义，学习摆样子，讲套话，文章长，空话多；或者搞"本本主义"，学习时照本宣科，不用理论对实际问题"解疑释惑"，而只是从本本中摘抄某些词句，来裁判改革开放的实践；或者搞实用主义，学习时断章取义，各取所需。

领导干部要着眼于对实际问题的理论思考，就要站在改革开放和国际形势发展的前沿，了解新情况，发现新问题，寻找新思路，开拓新局面，而不是因循守旧，维持现状，止步不前。脑子里装着问题了，就会自觉地去学习，就会积极地去学习，就会一辈子不停止学习。

现在，有的干部学风不浓、玩风太盛。这样"以其昏昏，使人昭昭"是不行的！是要贻误工作、贻误大事的！

——2013 年 3 月 1 日，习近平在中央党校建校 80 周年庆祝大会暨 2013 年春季学期开学典礼上的讲话

以其昏昏，使人昭昭

——通过学习提高工作能力

"以其昏昏，使人昭昭"出自《孟子·尽心下》："贤者以其昭昭使人昭昭，今以其昏昏使人昭昭。"意思是：贤人先使自己明白，然后才去使别人明白；今天的人则是自己都没有搞清楚，却想去使别人明白。指外行胡乱指挥内行或者自己不懂却想要使别人明白。

《孟子》乃记载孟子及其学生言行的一部书，《汉书·艺文志》著录《孟子》十一篇，现存七篇十四卷，后来被列为《四书》和《十三经》之一，成为儒家主要经典。孟子是战国时期著名的思想家、政治家和教育家，孔子之后儒家最重要的代表人物，继承了孔子"仁"的思想并将其发展成为"仁政"思想，被称为"亚圣"，儒家学说也被称为"孔孟之道"。

习近平引用"以其昏昏，使人昭昭"批评当前领导干部中存在的学风不盛玩风盛的现象：或不思进取不愿学，或热衷应酬不勤学，或流于形式不真学，或浅尝辄止不深学，或食而不化不善学，严厉指出"以其昏昏，使人昭昭"必将给工作带来严重不良后果。

"以其昏昏，使人昭昭"的现象在党员干部中并不少见。老百姓眼中那些不学无术、瞎指挥、乱作为的"糊涂官"，那些在岗不在状态、出工不出力的"混混官"，那些门难进、脸难看、事难办的"老爷官"，大多属于此类。

习近平一再提醒领导干部要警惕"本领恐慌"，但更危险的是某些干部患有"本领恐慌"而不自知，即如《吕氏春秋》所言："不知而自以为知，百祸之宗也。"因为"不知而自以为知"就必然会"以其昏昏，使人昭昭"，或不懂装懂自以为是，或用老经验、老套路、老办法来解决和处理新问题，势必在关键及重要问题上产生错判、误解、盲动，而"贻误工作、贻误大事"。

一个领导者的知识水平决定了其决策能力和决策水平。因为，深厚的理论底蕴，能帮助领导者拥有战略眼光、远见卓识；广博的知识储备，则是领导者获得决策信息、控制决策过程、确保决策成功的基础。当今是一个信息爆炸和知识倍增的时代，新知识和新技术的发展一日千里，即使是专业人士，学过的东西也很快会过时，何况一个领导干部，其分管和涉及的工作往往很多，更要求其对相关行业有深入的了解、系统的掌握，成为本部门业务领域的行家里手，这样才能懂得在工作上如何突破，如何创新。如果不能与时俱进地学习，就难免知识老化、思想僵化、能力退化，无法适应新形势，掌握新方法，解决新问题，完成新使命。

《中国共产党章程》把认真学习马克思列宁主义、毛泽东思想、邓小平理论、"三个代表"重要思想和科学发展观，学习党的路线、方针、政策和决议，学习党的基本知识，学习科学、文化、法律和业务知识，努力提高为人民服务的本领作为党员八条义务的第一条，目的就是让所有党员干部都能成为以自己的明白使别人明白的"贤能之人"，而不是"以其昏昏，使人昭昭"。领导干部如果不愿学习、不懂学习而做出一系列不合法、不合情、不合理的行政决策，将损害党和政府的形象和威信。在全面加强小康社会建设的关键时期，只有加强学习、求真务实，少一些娱乐至上，多一些勤学慎思，领导干部的综合素质和能力才会得到锻炼和提高，与时俱进的能力才会随时代的发展不断增强，才能适应岗位职责的要求，国家发展和人民幸福才会有所保障。

战国赵括"纸上谈兵"、两晋学士"虚谈废务"的历史教训大家都要引为鉴戒。读书是学习，使用也是学习，并且是更重要的学习。领导干部要发扬理论联系实际的马克思主义学风，带着问题学，拜人民为师，做到干中学、学中干，学以致用、用以促学、学用相长，千万不能夸夸其谈，陷于"客里空"。

——2013年3月1日，习近平在中央党校建校80周年庆祝大会暨2013年春季学期开学典礼上的讲话

虚谈废务

——发扬理论联系实际的学风

《世说新语·言语》载：东晋偏安，士大夫却崇尚清谈，王羲之对此不满。他曾与谢安共登冶城。谢安"悠然远想，有高世之志"。于是他对谢安说："夏禹勤王，手足胼胝；文王旰食，日不暇给。今四郊多垒，宜人人自效，而虚谈废务，浮文妨要，恐非当今所宜。"后以"虚谈废务"为空谈误事的典故。习近平在讲话中引用"虚谈废务"，强调领导干部要发扬理论联系实际的马克思主义学风，弘扬实干精神，"为政贵在行"，切勿空谈误国。

刘义庆是南朝宋著名文学家，他编撰的《世说新语》是一部笔记小说集，记载了自汉魏至东晋士族阶层言谈、轶事，反映了当时士大夫们的思想、生活和清谈放诞的风气，语言简练，文字生动鲜活，受到历代文人的喜爱和重视。《言语》所记的是在各种语言环境中的佳句名言，多为一两句话，非常简洁，却大都得体、巧妙，或哲理深邃，或含而不露，或意境高远，或机警多锋，或气势磅礴，或一语破的，很值得回味。

"虚谈废务"，直击当时士大夫中的清谈之风，所谓不谈国事，不言民生，专谈老庄、《周易》，各抒歧异，摆观点，援理据，以驳倒他人为能事；而治理国家、强兵裕民等，则被贬讥为专谈俗事，遭到讽刺。但是，天下之事，务实为要。如果终日谈玄弄虚，闲扯莫名所以的东西；或者成天做文字游戏，将许多更重要的事情淹没在文山会海之中，这样的风气如果盛行，必然导致国家政务的荒废。古往今来，多少清谈的政客，因之误事、误国、误己，为人们所耻笑，而那些崇实务实的人，常被记起并誉为"民族的脊梁"。古人"虚谈废务，浮文妨要"的见解，确实切中要害。

成功缘于实干，祸患始于空谈。战国赵括"纸上谈兵"、两晋学士"虚谈废务"历来是治国理政的大忌。中国共产党近百年的奋斗史，也从另一面印证了这个道理。民族独立，民主建国，锐意改革，用短短数十年走过西方国家两三百年历程，中国共产党带领饱经沧桑的中华民族走出苦难、走向辉煌，靠的不是空想清谈，而是实干苦干。实干精神是我们党的优良传统。毛泽东曾经用一副对联为那些党内的空谈家"画像"："墙上芦苇，头重脚轻根底浅；山间竹笋，嘴尖皮厚腹中空。"强调要把学习和实干结合起来，同时把理论联系实际看成是中国共产党区别于其他任何政党的"三个显著标志"之一。

习近平要求领导干部吸取"纸上谈兵"、"虚谈废务"的历史教训，在努力实现中华民族复兴的大背景下，更是语重心长。国际形势风云变幻，国内发展攻坚克难。发展关键期，矛盾凸显期，尤其需要我们的领导干部能把理论和实际结合起来。机遇稍纵即逝，改革不进则退，时代呼唤学以致用、用以促学、学用相长的"知行合一"。那些只会纸上谈兵而不知行合一，热衷虚谈废务而不求真务实，追求形式主义而不脚踏实地的"空谈干部"，只会让大政方针落空，政策措施变味，让中国梦破灭。

要"博学之，审问之，慎思之，明辨之，笃行之"。学习要善于挤时间。经常听有的同志说自己想学习，但"工作太忙，没有时间学习"。听上去好像有些道理，但这绝不是放松学习的理由。中央强调要转变工作作风，能不能多一点学习、多一点思考，少一点无谓的应酬、少一点形式主义的东西，这也是转变工作作风的重要内容。

——2013年3月1日，习近平在中央党校建校80周年庆祝大会暨2013年春季学期开学典礼上的讲话

博学之，审问之，慎思之，明辨之，笃行之

——重视和善于学习是转变作风的重要内容

"博学之，审问之，慎思之，明辨之，笃行之"出自《礼记·中庸》第十九章，原文为："博学之，审问之，慎思之，明辨之，笃行之。有弗学，学之弗能弗措也；有弗问，问之弗知弗措也；有弗思，思之弗得弗措也；有弗辨，辨之弗明弗措也；有弗行，行之弗笃弗措也。人一能之，己百之；人十能之，己千之。果能此道矣，虽愚必明，虽柔必强。"习近平在讲话中，引用"博学之，审问之，慎思之，明辨之，笃行之"，阐明了治学求进的道理。

《中庸》是《礼记》中的一篇，作者为孔子后裔，后经秦代学者修改整理。它是中国古代讨论教育理论的重要论著。全篇以"中庸"作为最高的道德准则和自然法律。宋代把它与《大学》、《论语》、《孟子》并列为"四书"。《中庸》的中心思想是儒学中的中庸之道，它的主旨，并非现代人所普遍理解的中立、平庸，而在于修身养性。中庸之道的主题思想，是教育人们自觉进行自我修养、自我监督、自我教育、自我完善，把自己培养成为至善、至仁、至诚、至道、至德、至圣的"理想人物"，共创"致中和天地位焉万物育焉"的"太平和合"境界。

"博学之，审问之，慎思之，明辨之，笃行之"，是说要广泛地多方面学习，详细地问，慎重地思考，明确地分辨，踏踏实实地实践。这说的是为学的几个层次，或者说是几个递进的阶段。"博学之"，意谓为学首先要广泛地猎取，培养充沛而旺盛的好奇心。好奇心丧失了，为学的欲望随之而消亡，博学遂为不可能之事。因此博学乃为学的第一阶段。不经历这一阶段，为学就是无根之木、无源之水。"审问"为第二阶段，有所不明就要追问到底，要对所学加以怀疑。问过以后还要通过自己的思想活动来仔细考察、分析，否则所学不能为自己所用，是为第三阶段的"慎思"。"明辨"为第四阶段。学是越辨越明的，不辨，则所谓"博学"就会鱼龙混杂，真伪难辨，良莠不分。如果说"慎思"是自我拷问和批判的话，那么，"明辨"则是相互之间的拷问和批判。"笃行"是为学的最后阶段，就是既然学有所得，就要努力践履所学，使所学最终有所落实，做到"知行合一"。

　　习近平针对某些同志以"工作太忙，没有时间学习"为借口放松学习，提出要"博学之，审问之，慎思之，明辨之，笃行之"，很有现实意义，因为这既是一种学习态度，也是工作作风转变的重要内容。只有不断加强学习，才能提高精神境界，坚定理想信念。

　　毛泽东曾说过，在青年时代他看了《共产党宣言》等三本马克思主义书籍，特别深刻地铭记在心中，从而树立起马克思主义的信仰，认为这是对历史的正确解释，以后，就一直没有动摇过。20世纪30年代上半叶，他受到"左"倾路线的打击被撤职后，说了三个字："读书去。"通过读书，他更坚定了马克思主义与中国革命实际相结合的信念。邓小平也说过："不注意学习，忙于事务，思想就容易庸俗化。如果说要变质，那么思想的庸俗化就是一个起点。"在"十年动乱"中被打倒，并被下放到江西新建拖拉机修配厂劳动时，他读了许多古今中外书籍，特别是大量的马列著作，并且在每天去上班的路上和散步中，思考着中国的历史、现实和未来，信念和意志更坚定了。在国际共产主义运动进入低潮后，他仍坚信，世界上赞成马克思主义的人会多起来，因为它是科学。

习近平当年就是带着一箱子书到延川县梁家河村插队落户的，他给自己定的座右铭是："先从修身开始。一物不知，深以为耻，便求知若渴。"他边放羊边看书，当地村民都用"爱看书"、"好学"来评价他。习近平也自称"很多知识的基础是那时候打下来的"。

只有善于学习，不断改进学习方法，才能不断进步，提高为人民服务的水平与能力。善于学习，正是中国共产党人能够攻无不克、永葆生机的优势所在。领导干部具有广博的学识，才有可能具有世界眼光和开放胸襟，真正做到"海纳百川，有容乃大"；只有详细地问，慎重地思考，明确地分辨，不放过每一个社会热点问题、理论难点问题和群众疑点问题，带着问题学，才可能学到理论和知识的真谛，以科学分析实践中存在的矛盾；只有踏踏实实地实践，去改变存在的困境，才能使学习获得真正的效果。

中国有句古话，"宰相必起于州部，猛将必发于卒伍。"我们现在的干部遴选机制也是一级一级的，比如，我在农村干过，担任过大队党支部书记，在县、市、省、中央都工作过。干部有了丰富的基层经历，就能更好树立群众观点，知道国情，知道人民需要什么，在实践中不断积累各方面经验和专业知识，增强工作能力和才干。这是做好工作的基本条件。

——2013 年 3 月 19 日，习近平在接受金砖国家媒体联合采访时的讲话

宰相必起于州部，猛将必发于卒伍

——基层历练是干部成长的必修课

习近平在接受金砖国家媒体联合采访时，引用"宰相必起于州部，猛将必发于卒伍"，指出优秀的领导干部，必须经历丰富的基层锻炼，才能更好地树立群众观点，积极为人民服务。

"宰相必起于州部，猛将必发于卒伍"出自《韩非子·显学》。宰相原是从国君的家臣发展起来的，"宰"本是君主的总管家的称呼，"相"是辅助的意思，即用家臣的头目管理国事。此语原意为：贤臣良相都是从地方官提升起来的，作战勇猛的将领也都是从士卒提拔上来的。它体现了韩非子的选人用人观，即无论是文臣，还是武将，尤其是国家的高层官员和将领，一定要从有基层实际工作经验的人中选拔。因为这些人来自基层，更了解战场的形势和百姓的疾苦，也就能够更好地制定方针政策，否则处理政务、领兵作战就可能是纸上谈兵，耽误国家大事。

所谓"工欲善其事，必先利其器"，无论你是才华横溢，学识渊博，还是志存高远，雄心勃勃，都必须在基层磨砺自己的"器"，才能在以后的工作中干成"事"。孟子说："天将降大任于斯人也，必先苦其心志，劳其筋骨……"说的也是人在成就大事业之前，必要经历一番磨难和历练，而对领导干部来说，这种历练的第一步应该是在基层。

纵观历史，不少成就卓著者都是从基层选拔起来的。习近平也以自己从基层踏实工作起步、一步一步走过来的经历，印证了一个人的成长成才必须经过基层的锻炼和实践的磨砺。

注重从一线选拔干部，是我们党一贯强调和坚持的干部工作方针；鼓励年轻干部到基层工作，到艰苦地区、复杂环境、关键岗位砥砺品质，锤炼作风，增长才干，是我们培养党的干部的成功经验。年轻干部经过基层的摸爬滚打，不仅可以砥砺品质，锻炼能力，增强才干，更重要的是，能接地气，能看到老百姓最真实的生活，了解他们的所思、所想、所需，认识社会现实，读懂中国国情。"纸上得来终觉浅，绝知此事要躬行"，不仅适用于写诗作文，同样适用于了解国情民生。

基层的历练是年轻干部成长的必修课，也是成长成才、成就事业的必然路径。植根基层，脚踏坚实大地，事业才会有坚实的根基；仰望辽阔星空，经历风雨彩虹，才能成就无愧于时代的光辉业绩。

"尚贤者，政之本也。"各级党委和政府要认真贯彻党和国家关于留学人员工作的方针政策，更大规模、更有成效地培养我国改革开放和社会主义现代化建设急需的各级各类人才。

——2013 年 10 月 21 日，习近平在欧美同学会成立 100 周年庆祝大会上的讲话

尚贤者，政之本也

——营造培养国家急需人才的良好环境

习近平在欧美同学会成立 100 周年庆祝大会上的讲话，强调高素质人才队伍建设对实现民族复兴之梦的重要性，提出要使留学人员"回国有用武之地，留在国外有报国之门"，要求各级党委和政府部门真正认识到"尚贤者，政之本也"，为培养国家建设急需的各类人才创造良好的环境。

"尚贤者，政之本也"语出《墨子·尚贤上》："得意，贤士不可不举；不得意，贤士不可不举。尚欲祖述尧舜禹汤之道，将不可以不尚贤。夫尚贤者，政之本也。"意思是：得意之时不可不举用贤士；不得意之时也不可不举用贤士。如果想继承尧舜禹汤的大道，就不可不尚贤。尚贤是政治的根本所在。所谓尚贤，就是尊重、推崇贤才，就是任用有德才的人为国效力。

在先秦思想家中，墨子可谓是"文武双全"的特殊人才，他不仅是一个哲学家、思想家、教育家，还是一个科学家、军事家。在诸子百家中，他创立的墨家学说与儒道成鼎立之态，与儒家同为"显学"，有"非儒即墨"之称。《墨子》一书，非一时一人所做，乃墨子弟子及其再传弟子对墨子言行的记录，内容涵盖政治、军事、哲学、伦理、逻辑、科技等方面。

墨子提出了墨家十大政治主张，如果说"兼爱"是墨家思想的核心，那么"节用"和"尚贤"则是其两个支点。《尚贤上》探讨的是政治与尚贤的关系，他认为"尚贤"是为政之本，当时的王公大臣之所以治理不好国家，根本原因是因为不能任用贤能。为此，他提出要打破讲究血统关系的宗法观念，从各个阶层中选拔具有真才实学之人，任人唯贤而不是任人唯亲。墨子的尚贤思想，显然打破了儒家的"亲亲有术，尊贤有等"的观念，是对建立在血缘基础上的封建等级制度的冲击。

墨子的尚贤思想代表了中国文化中"任人唯贤"的传统，对后世影响很大。《贞观政要》论及"为政之要，惟在得人"，《资治通鉴》明言"为治之要，莫先于用人"，讲的都是一个亘古不变的道理：人才乃治世为政的关键所在。中国共产党的早期领导人陈独秀、蔡和森、邓中夏、张闻天等也都推崇墨家的这一精神，毛泽东更是充分肯定墨家任人唯贤的用人原则。中国共产党走过的近百年斗争历史和新中国六十多年的建设历程都充分证明，选人用人是关乎事业成败和执政兴国的大事。

改革开放以来，党和政府高度重视人才队伍建设，不断完善选人、用人机制。2007年中共十七大报告，更是将"人才强国战略"与"科教兴国战略"、"可持续发展战略"并列为进一步发展中国特色社会主义的三大战略，强调要努力造就世界一流科学家和科技领军人才，注重培养一线的创新人才，使全社会创新智慧竞相迸发、各方面创新人才大量涌现。

习近平对各级党委和政府强调"尚贤者，政之本也"，就是要求在充分认识到人才乃兴国、强国根本的基础上，不仅要使自己具有伯乐识马的眼光、有刘备三顾茅庐的态度以及秦王五跪得范雎的胸襟，更要为更大规模、更有成效地培养我国改革开放和社会主义现代化建设急需的各级各类人才，营造良好环境和优质土壤。为了使"海龟"和"土鳖"都能成为中国现代化建设所需的人才，不仅需要我们加大引进人才的力度，更要深化教育体制改革，创新人才培养模式，在创新实践中发现和使用人才、培育和锻炼人才、凝聚和成就人才，使创新型国家的建设获得源源不断的动力资源。

"致天下之治者在人才。"人才是衡量一个国家综合国力的重要指标。没有一支宏大的高素质人才队伍，全面建成小康社会的奋斗目标和中华民族伟大复兴的中国梦就难以顺利实现。

　　——2013 年 10 月 21 日，习近平在欧美同学会成立 100 周年庆祝大会上的讲话

致天下之治者在人才

——人才是衡量综合国力的重要指标

欧美同学会是由中国留学海外各国归国同学自愿组成的群众团体，1913 年 10 月由顾维钧、梁敦彦、詹天佑、蔡元培、颜惠庆、王正廷、周诒春等人共同发起，遵循"修学、游艺、敦谊、励行"的宗旨，旨在团结海内外留学人员，用国外先进的科学文化知识和进步的思想理念，为国家强盛和民族振兴贡献力量。党和国家历来重视留学生工作，欧美同学会成立 80 周年、90 周年之际，江泽民、胡锦涛都出席庆典并发表重要讲话。在欧美同学会成立 100 周年庆祝大会上，习近平引用"致天下之治者在人才"，以说明人才对国家建设的重要性，更强调尊重知识、尊重人才乃民族复兴之根本。

"致天下之治者在人才"出自北宋学者胡瑗的《松滋县学记》："致天下之治者在人才，成天下之才者在教化，教化之所本者在学校。"意思是，治理好国家要靠人才，培养好人才要靠教化，而教化的根本在于兴学办校。

胡瑗（993～1059）是北宋理学家、思想家、教育家，是宋代理学开山人物之一。王安石称他"天下豪杰魁"，范仲淹尊之"孔孟衣钵，苏湖领袖"，朱熹说他"百世可法"。胡瑗怀有教育兴国的梦想，毕生从事教育。"致天下之治者在人才"这段话，从人才、教化、学校之间的内在联系中，阐发了教育的重要性，以及"人才"与"天下治"之间的辩证关系，体现了他对人才之于安邦定国的关键作用的独到见解，即人才兴，则国运昌，而国运昌，则能广纳天下英才。古今中外历史发展的进程，不断印证了这个论断：得人才者得天下，任贤能者国家兴。

习近平在讲话中，回顾了中国近代留学史以及欧美同学会的百年历程，指出近代留学史是"索我理想之中华"的奋斗史，"一批又一批仁人志士出国留学、回国服务，大批归国人员投身中国共产党领导的伟大事业，在中国革命、建设、改革的历史画卷中写下了极为动人和精彩的篇章"，强调留学人员是党和人民的宝贵财富，是实现中华民族伟大复兴的有生力量。

在全球化时代，人才竞争也进入国际化时代，综合国力的竞争根本上就是人才竞争，或者说人才竞争已经成为综合国力竞争的核心。也就是在这个意义上，习近平说"人才是衡量一个国家综合国力的重要指标"。

改革开放以来，尤其是近十年来，走出国门奔赴海外求学者愈来愈众，随着我国综合国力的提升，越来越多的留学人员回国效力。"致天下之治者在人才"，国家高度重视人才工作，大力实施人才强国战略，出台了一系列的人才政策，目的就是"使留学人员回到祖国有用武之地，留在国外有报国之门"。

习近平的讲话，虽然是面向欧美同学会，但是他所指的"人才"却不限于海外人才，而是"天下之英才"。因为只有真正认识到"贤才，国之宝也"，认识到人才乃立国之本，重用、善用国内外一切优秀人才，民族复兴之梦方有望顺利实现。